Besser leben mit
Work-Life-Balance

Hannelore Fritz

Besser leben mit Work-Life-Balance

Wie Sie Karriere, Freizeit und Familie in Einklang bringen

Eichborn. berufsstrategie

2 3 4 05 04 03

Umschlaggestaltung: Moni Port
unter Verwendung einer Illustration von Jörg Mühle (www.laborproben.de) mit freundlicher Genehmigung des FAZ Hochschulanzeigers.
Lektorat: Dr. Kirsten Reimers, Karin Schulze-Langendorff
Gesamtherstellung: Fuldaer Verlagsagentur, Fulda
ISBN 3-8218-3871-X

Verlagsverzeichnis schickt gern:
Eichborn Verlag, Kaiserstraße 66, D-60329 Frankfurt am Main
www.eichborn.de

Inhalt

Vorwort

Erfolg im Beruf, ein aktives Privatleben, Gesundheit und das Gefühl, das Leben zu führen, das man sich immer gewünscht hat – wer träumt nicht davon. Doch bei den meisten von uns kommen verschiedene Bereiche zu kurz. Oft dominiert der Beruf. Wer kennt nicht den Stoßseufzer: Ich wünsche mir mehr Zeit für Freunde, für meine Kinder, einen Kinoabend mit …! Oder einfach mal wieder ein gutes Buch lesen, mein Französisch auffrischen oder dem verspannten Nacken eine Massage gönnen. Außerdem schreit der Körper schon lange nach Sport.

Irgendwie ist unser Leben aus dem Gleichgewicht geraten. Nicht nur, dass die Anforderungen von außen heute vielfältiger sind – die Erwartungen an uns selbst steigen ebenfalls. Neben dem Beruf gibt es auch noch ein anderes Leben – und das ist uns mindestens genauso wichtig. Sollen wir die verschiedenen Aspekte des Lebens einfach an uns vorüberziehen lassen oder auf später verschieben? Das passiert nur allzu leicht. Wäre da nicht die innere Stimme, die nach einem ausgeglichenen Verhältnis zwischen Berufs- und Privatleben ruft. Aber lässt sich das Leben in so unsicheren und bewegten Zeiten überhaupt planen?

Hier eine gute Nachricht: Es ist möglich. Wir können tatsächlich eine Balance der verschiedenen Lebensbereiche schaffen. Wenn wir herausfinden, was wir wirklich wollen und was uns gut tut, und danach unser Leben planen. Wir müssen uns klare Ziele stecken und dürfen nicht nur träumen. Je nachdem, wie unsere aktuellen Lebensumstände sind, können wir ja die Ziele jederzeit überdenken und an die aktuelle Situation anpassen. Aber eines ist sicher: Ohne Ziele, ohne Planung verzettelt man sich schnell.

Dieses Buch kann für Sie Wegweiser und Arbeitsbuch zugleich sein, für ein bewusstes Leben, für ein Leben in Harmonie, Gesundheit, geistiger und körperlicher Fitness. Anhand praktischer Beispiele und leicht nachvollziehbaren Übungen wird aufgezeigt, wie Sie die vier Lebensbereiche Beruf, Beziehungen, Gesundheit und Sinn selbstbestimmend gestalten können. Nossrat Peseschkian, auf den diese Einleitung zurückgeht, hat herausgefunden, dass Menschen dann zufrieden und glücklich sind, wenn sie es schaffen, diese vier Bereiche in Balance zu bringen und jedem gerecht zu werden. Work-Life-Balance bedeutet aber nicht, einen einmal gefundenen Zustand zu zementieren. Work-Life-Balance findet täglich statt. Jeder Tag bietet uns neue Chancen, unseren Zielen näherzukommen oder neue Ziele zu finden, auf die wir wiederum unsere Lebensbalance neu abstimmen müssen.

Ob Sie sich persönlich weiter entwickeln wollen, sich gerade in einem beruflichen oder privaten Umbruch befinden oder auf der Suche nach dem Sinn Ihres Lebens sind: Dieses Buch bietet viele Anregungen, durch die Sie neue Perspektiven entwickeln können und sich und Ihre Wünsche klarer identifizieren können. Machen Sie sich bewusst, was Sie wirklich wollen, was Ihnen ganz besonders am Herzen liegt, auch Ihre lang währenden Wünsche und Sehnsüchte. Indem Sie dieses Buch durcharbeiten werden Sie sehen, dass Ihnen noch viele Möglichkeiten in Ihrem beruflichen oder privaten Leben offen stehen, und dass Sie diese mit etwas Planung verwirklichen können. Vielleicht legen Sie sich ein Heft oder einen Ordner an, wo Sie Ihre Aufzeichnungen zu diesem Arbeitsbuch sammeln und immer wieder darauf schauen können, wie weit Sie mit Ihrer Work-Life-Balance vorangeschritten sind. Ein wenig Ausdauer und Disziplin werden Sie dafür allerdings brauchen. Aber es lohnt sich: Es ist eine Investition in Ihre ganz persönliche, in Ihre zufriedene und glückliche Zukunft.

Seit Jahren führe ich zu dem Thema Work-Life-Balance Seminare durch und coache Menschen. Meine Erfahrung daraus ist: Zufriedenheit stellt sich dann ein, wenn man seine ganz persönliche Balance gefunden hat und seine Ziele erfolgreich verwirklicht. Dazu gehört auch, sich über kleine Erfolgserlebnisse genauso freuen und sie genießen zu können wie die großen. Die Kunst ist es, aus der augenblicklichen Lebensphase und Situation das Beste zu machen.

Die Erfahrungen aus meiner Arbeit möchte ich in diesem Buch an die Leserinnen und Leser weitergeben. Anhand von Beispielgeschichten zeige ich auf, wie Menschen die verschiedensten Situationen gemeistert haben. Die Übungen in diesem Buch werden Ihnen helfen, Ihren eigenen Standort zu finden, Ihre Wünsche zu formulieren und Ihre Verhaltensweisen zu reflektieren und zu verändern. Ich hoffe, dass Sie durch dieses Buch angeregt werden, Ihr Leben selbst in die Hand zu nehmen und nach Ihren Vorstellungen zu gestalten.

An dieser Stelle möchte ich meinen vielen Seminarteilnehmerinnen und -teilnehmern sowie all jenen Menschen danken, die mich auf meinem Lebensweg begleitet haben und noch begleiten. Ihre Offenheit und ihr Vertrauen waren und sind eine Bereicherung für mein Leben und ich hoffe, ich kann meinen Leserinnen und Lesern viel von diesem Erfahrungsschatz vermitteln.

Kapitel I: Work-Life-Balance

Arbeit – Freizeit – Familie

Hinter dem Leben herlaufen

Karen kommt nach einem langen, hektischen Tag erschöpft nach Hause. Dort wartet schon die Bügelwäsche, die Spülmaschine muss noch ausgeräumt werden und Hunger hat sie auch. Lust hat sie aber weder auf das eine noch auf das andere. Am liebsten würde sie sich in eine Ecke verkrümeln – alles ist so unbefriedigend. Das ist nicht nur heute so. Karen hat schon lange Zeit das Gefühl, nur noch zu reagieren, dem Leben hinterherzulaufen. Eigentlich gibt es so viele Dinge, die sie gerne machen möchte. Aber irgendwie schafft sie es nicht, ihren Interessen nachzugehen. Zwar nimmt sie sich immer wieder vor, dass sie etwas ändern muss, aber es passiert dann doch nichts. Es bleibt meist beim Vorsatz. Sie hat das Gefühl, in ihrer Situation gefangen zu sein, eingeschränkt in ihrer Handlungsfähigkeit und nur noch vom Alltag aufgefressen zu werden.

Work-Life-Management

Wie Karen geht es vielen Menschen: Sie ist unzufrieden mit ihrem Leben, ohne einen konkreten Punkt ausfindig machen zu können, den sie ändern möchte. Wie Karen haben wir auch oft das Gefühl, die Möglichkeit verloren zu haben, unser Leben selbst zu gestalten: Wir reagieren nur noch auf das, was uns begegnet, und scheinen unserem Leben hinterherzulaufen.

Doch ich kann Ihnen versichern: Beruf, Familie, Freunde und persönliche Interessen so in Einklang zu bringen, dass wir uns wohl fühlen, ist machbar – und zwar durch eine aktive Lebensgestaltung. Die Balance zu halten zwischen Job und Privatleben ist erreichbar durch Work-Life-Management. Das Leben ist wechselhaft, und den Ausgleich zu schaffen zwischen den verschiedenen Bereichen erfordert eine gewisse Flexibilität, da wir durch ständige Veränderungen immer wieder aus der Balance geraten und sie stets wieder finden müssen. Mal benötigt der eine Lebensbereich mehr Aufmerksamkeit, mal konzentrieren wir uns auf einen anderen Bereich. Das ist vollkommen in Ordnung, solange wir unser Gleichgewicht nach einer Weile wieder finden. Erst wenn wir dauerhaft aus der Balance geraten und wichtige Bereiche dauerhaft vernachlässigen, treten Schwierigkeiten auf.

Wünsche und Ziele

Den Ausgleich finden wir, indem wir uns darüber bewusst werden, was uns im Leben *wirklich* wichtig ist. Können Sie spontan sagen, was Ihrem Leben Sinn verleiht? Oder stehen Sie eher vor der Frage: Was wünsche ich mir in meinem Leben? Wir wünschen uns oft unendlich viel – doch angesichts der begrenzten Zeit, die wir zur Verfügung haben, können wir das alles kaum in unserem Leben unterbringen – mal ganz abgesehen von unseren eingeschränkten finanziellen Möglichkeiten. So entsteht Unzufriedenheit. Um glücklich zu sein, brauchen wir uns aber nicht alle unsere Wünsche zu erfüllen: Es kommt darauf an, die richtigen Wünsche zu erkennen und klare Ziele zu definieren.

Das Leben planen

Work-Life-Balance bedeutet nicht, noch mehr zu tun, unser Leben noch stärker »aufzufüllen«. Entscheidend ist, dass man das *Richtige* tut. Es geht nicht um Quantität, sondern um Qualität. Wie also schaffen wir es, einen erfüllenden Beruf auszuüben, Zeit für Familie und Freunde zu finden, Theaterabende zu genießen, zu reisen und uns gleichzeitig weiterzubilden? Dies gelingt nur, wenn wir klare Prioritäten setzen und unser Leben aktiv planen.

Dieses Buch möchte Ihnen helfen, Ihr Leben in Balance zu bringen. In den folgenden Kapiteln finden Sie Hilfestellungen und Anregungen, wie Sie ein Gleichgewicht zwischen unterschiedlichen Ansprüchen, Anforderungen und Bedürfnissen finden.

Die Grundlage eines zufriedenen Lebens ist das eigene Lebenskonzept. In jedem Lebensabschnitt sind uns andere Dinge wichtig: Als Teenager haben wir andere Bedürfnisse als mit dreißig. Wenn wir vierzig Jahre alt sind, wollen wir etwas anderes vom Leben als mit sechzig.

Lebenskonzepte

Wichtig ist, dass wir uns über unsere Wünsche, Werte und Anforderungen in jeder Lebensphase klar werden und sie in unser Konzept integrieren. Deshalb steht die Frage nach unserem Lebenskonzept und dem Sinn unseres Lebens am Anfang unserer Reise zur Balance (Kapitel II). Nur wer seine Werte kennt und weiß, was für ihn wichtig ist, kann auf dieser Basis die für ihn richtigen Entscheidungen treffen.

Beruf

Den zweiten wichtigen Bereich bildet unser Berufsleben, mit

ihm beschäftigt sich Kapitel III. Hier finden Sie Anregungen, wie Sie Ausgeglichenheit selbst im stressigen Job erreichen, wie Sie beruflich weiterkommen, ohne alles andere aufgeben zu müssen, oder wie Sie sich umorientieren können, wenn Sie feststellen, dass ein Job nicht mehr richtig zu Ihnen passt.

Beziehungen

Ein Leben ohne Freundschaften und ohne Familie ist sehr einsam. Wie Sie Ihre sozialen Beziehungen trotz Karriere lebendig gestalten können, neue Kontakte knüpfen oder sich von alten lösen können, erfahren Sie in Kapitel IV.

Gesundheit

Zu einem Leben in Balance gehört, dass Sie sich in Ihrem Körper wohl fühlen. Wie Sie mit Stress umgehen und körperlich fit werden, und wie Sie trotz Bürojob noch Zeit zum Entspannen, Nachdenken und Auftanken finden, damit beschäftigt sich Kapitel V.

Am Ende des Buches finden Sie schließlich einen Minifahrplan für Ihre Lebensgestaltung. Mit ihm können Sie einmal im Jahr eine Art Inventur machen: Was haben Sie in den einzelnen Lebensbereichen jeweils von dem erreicht, was Sie sich vorgenommen hatten, welche nächsten Schritte sind zu tun usw.

Bevor in Kapitel II unsere Reise zur Balance startet, lassen Sie uns einen Blick darauf werfen, was Work-Life-Balance heute bedeutet.

Leben im Dauerlauf

Man nimmt sich zu viel vor

Die meisten berufstätigen Menschen stehen permanent unter Stress. Sie bedauern, wie schnell das Jahr vorübereilt: Sie hatten sich so viel vorgenommen und sind doch nur zu wenigem gekommen. Wie viele melden sich im Fitnessstudio an und schaffen es nach dem dritten Mal nicht mehr, die Zeit dafür aufzubringen. Wie viele Menschen treffe ich, die eine Fremdsprache lernen oder auffrischen wollen – seit drei, fünf oder zehn Jahren –, es aber immer wieder verschieben. Leben wir nicht manchmal ein Leben auf der Überholspur? Von einem Termin zum anderen, von einem Ziel zum nächsten, ohne Pause, ohne Innehalten. Viele klagen über zu wenig Zeit für sich selbst, für den Partner, die Kinder, die Familie, für Freunde, für Sport, für kulturelle Angebote und vieles mehr. Und sie finden zu wenig Zeit, um sich zu freuen, zu lachen, Spaß zu haben, zu genießen, einfach zu entspannen. Hetze und Hektik bestimmen den Alltag.

Wer sein Ziel kennt, findet auch Wege

Es heißt, dass nur fünf Prozent der Menschen sich im Laufe des Lebens ihre Wünsche erfüllen. Gehören Sie nun zu diesen fünf Prozent oder zu den 95, die nur von Wunscherfüllung träumen? Was machen die fünf Prozent anders? Im Prinzip scheint das ganz einfach: *Sie wissen, was sie wollen, legen klare Ziele fest und setzen alles daran, diese zu erreichen. Sie erkennen Hindernisse, aber auch Chancen schon recht früh. Stolpern sie, dann rappeln sie sich wieder auf und suchen nach einer Lösung*. Ein weiterer entscheidender Faktor ist, dass diese Menschen ihre Ziele mit Ausdauer und Konsequenz verfolgen. Dabei bleiben sie flexibel und passen sich bestimmten Situationen an, wandeln sie sogar um, wenn es ihnen hilft, ein Ziel zu erreichen.

Ein Traum ist und bleibt ein Traum, solange aus ihm kein Ziel entsteht

Haben Sie auch einen Traum von einem idealen Leben? Dann frage ich Sie: Was tun Sie jeden Tag konkret, damit dieser Traum Realität wird? Welche einzelnen Ziele setzen Sie sich? Wie und was planen Sie genau? Wie überwinden Sie Hindernisse? Wie kontrollieren Sie, wie weit Sie Ihrem Traum – oder Ziel – schon näher gekommen sind? Wen haben Sie in die Realisierung Ihres Zieles einbezogen? Dieses Buch hilft Ihnen, Ihre Ziele zu erreichen. Wie Sie klare Ziele setzen und was Sie dazu tun müssen, finden Sie auf den Seiten 48 f. in der Übung »Aktivitäten und zeitliche Planung«.

Wünsche und Pläne

Ist unser Leben planbar?

Der Ball flog in Nachbars Garten. Die Scheibe blieb Gott sei Dank heil. Normalerweise findet Hendrik in der Woche keine Zeit, um mit seinem Sohn Fußball zu spielen. Seit ein paar Tagen jedoch sitzt er nun zu Hause und macht sich Gedanken über seinen weiteren Lebensweg. Mit 43 Jahren hat er schon mehrere Stationen hinter sich. Hendrik hatte Kaufmann gelernt und war im Anschluss an die Ausbildung über acht Jahre in einem Textilbetrieb beschäftigt gewesen. Nachdem das Unternehmen Insolvenz anmelden musste, suchte er sich eine neue Aufgabe. Hendrik wechselte nicht nur die Branche, sondern auch das Aufgabengebiet: Als Projektleiter übernahm er die Fertigung bei einem Hersteller für Medienmaterial. Nach vier Jahren geriet auch dieses Unternehmen in die roten Zahlen und Hendrik musste sich wieder umschauen – nur ungern, da er sich in diesem Job sehr wohl gefühlt hatte. Als Projektleiter für Großanlagen fand er wieder einen Job. Nach zwei Jahren mit vielen Höhen und Tiefen und unbefriedigenden Rahmenbedingungen im Unternehmen suchte Hendrik erneut nach einem neuen Arbeitgeber. Noch in der Boomzeit der New Economy fand er den Einstieg in die Logistik-Branche. Als Projektleiter war er nun viel unterwegs. Das Aufgabengebiet war interessant und vertraut, ein attraktives Gehalt und der Firmenwagen machten den Job noch zusätzlich angenehm. Allerdings forderte die Stelle auch seinen ganzen Einsatz. Für Hendrik kein Problem, denn er ist ein Mensch, der für etwas, das er gerne tut, seine ganze Kraft gibt. Durch Fehlentscheidungen im Vorstand geriet das Unternehmen jedoch ins Schlingern und der Zusammenbruch des neuen Marktes forderte tiefe Einschnitte. Zu denen, die gehen mussten, gehörte auch Hendrik. Wieder steht ihm ein neuer Lebensabschnitt bevor – und das im Alter von 43 Jahren.

Ist das Leben planbar?

Betrachtet man das Leben von Hendrik, stellt sich die Frage, ob das Leben überhaupt planbar ist. Tausend Dinge entziehen sich unserem Einfluss – wie soll man da dem eigenen Leben eine Richtung geben können? Und was nützt ein Plan, wenn sich die Umstände immer wieder ändern?

Wir nehmen uns mehr Zeit für die Planung unseres Urlaubs als für die unseres Lebens!

Die meisten Menschen betrachten Planung als etwas Einschränkendes, als etwas Einengendes, kurz: als etwas, von dem sie – einmal festgelegt – nicht abweichen dürfen oder können. Sie finden immer wieder Argumente, warum eine Lebensplanung sinnlos oder gar unmöglich ist, wissen jedoch nur wenig über die Vorteile des Pläneschmiedens. Unsere Abneigung gegen Zielsetzungen scheint sehr ausgeprägt zu sein. Dabei übersehen wir, wie Planung uns nützen kann. Natürlich ist im Leben nicht alles planbar. In manchen Zeiten ist unser Handlungsspielraum sogar sehr eingeschränkt. Trotzdem: Wer überhaupt nicht plant, der verliert schnell die Übersicht und verbaut sich womöglich Erfolg versprechende Wege. Den wenigsten ist klar, dass sie durch planvolles Vorgehen nicht nur Zeit gewinnen, sondern auch flexibler werden. Wir managen Projekte, organisieren Veranstaltungen und planen unseren Urlaub. Würden wir unser Leben genauso organisieren wie unseren Urlaub – wir hätten schon viel gewonnen.

Ein Rezept fürs Leben

Wenn wir etwas kochen oder einen Kuchen backen, schauen wir normalerweise in ein Rezept. Dort steht, welche Zutaten wir für einen leckeren Kuchen benötigen, wie wir ihn anrühren und wie lange wir ihn bei wie viel Grad im Ofen backen müssen. Wenn wir ein Fest feiern, bereiten wir es vor. Wir überlegen uns, wen wir einladen wollen, was es zu essen und zu trinken geben soll.

Zeit für die Lebensgestaltung einplanen

Ich könnte diese Liste beliebig weiterführen. Mal ganz ehrlich: Wie viel Zeit nehmen Sie sich für die Planung Ihres Lebens? Mehr als für die Planung des Urlaubs? Oder geht es Ihnen wie vielen anderen Menschen, die auf die Frage nach ihrem Lebenskonzept eher irritiert reagieren? Sie scheinen zu wissen, was sie wollen, können es aber nicht genau definieren. Klare Antworten sind nicht präsent, da sie sich selten bis nie die Zeit für ihre Lebensgestaltung nehmen.

Nicht warten, bis es zu spät ist

Sobald man auf das Thema Lebensziele – beruflich wie privat – kommt, wird es für viele unangenehm. Man will sich nicht so genau festlegen, will offen sein für Überraschungen. Manche tun dies 30 Jahre lang – bis es zu spät ist für Veränderungen. Für viele ist dieses Thema aber auch »zu persönlich«, um es anderen zu erläutern. Manche hingegen wollen sich nicht eingestehen, dass sie sich bisher darüber zu wenig Gedanken gemacht haben.

Positive und negative Strategien

Die Angst überwinden

Warum haben wir solche Schwierigkeiten, unser Lebenskonzept zu formulieren? Die Scheu, das eigene Leben zu planen, liegt oft in der Angst begründet, das, was man sich vorgenommen hat, nicht zu erreichen. Die Angst zu versagen ist oft größer als der Wunsch nach Erfolg. Haben Sie es nicht auch schon erlebt, dass Sie sich auf etwas ganz besonders gefreut haben und dann enttäuscht worden sind? Danach neigt man schnell dazu, vorsichtig zu werden und das »Freudenthermometer« runterzuschrauben. Andererseits gibt es aber auch viele Ereignisse, vor denen wir größte Angst hatten – denken Sie nur an Ihren Schulabschluss, die Führerscheinprüfung oder Ihr erstes Vorstellungsgespräch in einer Firma –, die Sie aber, im Nachhinein betrachtet, ganz gut gelöst haben. Was können wir also daraus lernen?

Entwickeln Sie positive Strategien

Unser gesamtes Verhalten wird von inneren Strategien geleitet. Wir haben Strategien, wie wir morgens aufstehen, unsere Zeit einteilen, an Aufgaben herangehen, kommunizieren, flirten, verhandeln und vieles mehr. Dabei entwickeln wir im Laufe unseres Lebens Verhaltensweisen, die uns helfen, aber auch solche, die uns behindern. Haben wir als Kind Strategien gelernt, wie man Chancen ergreift und Konflikte konstruktiv löst, wird uns diese Fähigkeit – wie alle anderen – im gesamten Leben begleiten. Wollen wir uns weiterentwickeln und am Leben lernen, müssen wir uns diese Strategien bewusst machen und diejenigen ändern, die uns behindern.

»Geht nicht« gibt's nicht

Wenn wir ein Problem lösen müssen, denken wir oft im ersten Moment: »Das geht nicht.« Wir alle neigen leicht dazu, eine geistige Abwehrhaltung einzunehmen, wenn wir vor einer schwierigen oder unbekannten Situation stehen. Den meisten Menschen fällt es viel leichter, Ausreden zu finden, warum etwas nicht geht, als Strategien zu entwickeln, wie etwas gehen kann. Dahinter steckt ein unglaubliches Potenzial an Kreativität. Würde dieses Potenzial für die Suche und das Finden von Lösungen genutzt, wäre das Leben vieler Menschen leichter. Kennen wir nicht Menschen, die es trotz widriger Umstände, beispielsweise eines Unfalls oder einer Krankheit, geschafft haben, wieder nach oben zu kommen? Wie reichhaltig würde unser Leben werden, wenn wir uns mehr auf die Suche nach Lösungen begeben würden!

Veränderungen bringen Gewinn

Innere Sicherheit gewinnen

Angesichts der aktuellen Wirtschaftslage geht es vielen wie Hendrik. Jobwechsel in immer kürzeren Abständen und neue, unbekannte Aufgabengebiete müssen bewältigt werden. Gerade in Zeiten, in denen es keine äußeren Sicherheiten mehr gibt, muss man auf innere Gewissheiten bauen können. Zuversicht und Vertrauen, aber auch Gelassenheit und aktives Handeln sind gefordert, damit wir unseren Weg durch unruhige Zeiten finden.

Nicht festhalten an unangenehmen Zuständen

Die meisten von uns wissen im Großen und Ganzen, welche Ziele sie verfolgen und was sie tun müssen, um diese zu erreichen. Wie kommt es aber, dass wir an manchen Dingen so penetrant festhalten, obwohl sie uns daran hindern, zufrieden zu sein? An einer unglücklichen Beziehung beispielsweise oder an einem unbefriedigenden Job, an einer stressigen Lebensweise. Die Psychologen sagen, der Mensch verändert sich erst dann wirklich, wenn ihm nichts anderes übrig bleibt, das heißt, wenn er von außen oder von einer Krankheit dazu gezwungen wird. Wir verändern uns aber auch deshalb nicht, weil wir bestimmte Aspekte einer Beziehung oder eines Jobs trotz allem als sehr angenehm betrachten. Und wer zum schlechten Zustand keine wirkliche Alternative hat, hält sich wenigstens an die kleinen Annehmlichkeiten. Erst wenn der Gewinn uns größer erscheint als das, was wir verlieren, beginnen wir, uns zu verändern.

Alte Verhaltensweisen abstreifen

Wenn wir uns aber darauf einlassen, alte Verhaltensweisen abzustreifen und neue Strategien zu entwickeln, sind wir auf dem Weg zu einer *der* Schlüsselkompetenzen im heutigen Berufs- und Privatleben: die Entfaltung der eigenen Persönlichkeit.

Eine Persönlichkeit ist wie ein strahlender Brillant

In der Geschäftswelt wird heute großer Wert auf Qualifikation gelegt. Sich nicht nur fachlich zu schulen, sondern insbesondere auch seine Persönlichkeit zu entfalten, das sind Kernkompetenzen, die für ein erfolgreiches Weiterkommen bedeutsam sind. Was ist aber eine Persönlichkeit? Woran erkennt man sie? Persönlichkeit lässt sich sicher nicht am Äußeren festmachen, sie hat nichts mit Schönheit zu tun. Sie lässt sich auch nicht antrainieren. Training vermittelt Kenntnisse und kann in einigen Gebieten Unsicherheiten reduzieren. Die Entwicklung zur Persönlichkeit aber braucht Zeit, damit die Person sich mit all ihren Fähigkeiten entfalten kann. Wir kommen wie ein ungeschliffener Diamant auf die Welt. Die Brillanz ist schon im Stein enthalten, aber ohne Schliff können wir das Feuer des Diamanten nicht sehen. Es liegt also an uns, aus dem ungeschliffenen Diamanten einen strahlenden Brillanten zu machen. Es geht dabei nicht um äußere Schönheit. Das Strahlen kommt immer von innen. Sicher kennen auch Sie einen eher weniger attraktiven Menschen, der aber eine Ausstrahlung besitzt, von der Sie fasziniert sind. Diese Person ist ganz einfach eine Persönlichkeit.

Selbstverantwortung übernehmen

Die eigenen Einstellungen kennen

Ein wesentlicher Schritt auf dem Weg zur Persönlichkeit ist die Übernahme von Verantwortung für die eigene Person und das eigene Leben. Wir nutzen gern das Wort »Selbstbewusstsein«. Schauen wir uns dieses Wort einmal an. »Sich seiner selbst bewusst zu sein« bedeutet, ich kenne meine Überzeugungen und Einstellungen, ich bin mir meiner Handlungen und Taten bewusst. Ich weiß, wie ich in welchen Situationen reagiere. Ich kenne meine Ziele und meinen Weg dahin. Ich übernehme die Verantwortung für mich und gestalte mein Leben nach meinen eigenen Zielen.

Ziele zur Orientierung

So zu leben bedeutet unter Umständen etwas Arbeit: Ich muss überlegen, was ich wirklich will, muss auswählen und abwägen, entscheiden, mich eventuell von dem einen oder anderen trennen, vielleicht sogar Risiken eingehen – kurzum: Es ist wichtig zu wissen, was man wirklich braucht, sich die Zeit für sich selbst zu nehmen und der Lebensplanung oberste Priorität einzuräumen. Wer sich intensiver um den Jahresurlaub kümmert als um sein Leben, wird bald die Übersicht verlieren und unzufrieden werden. Darüber hinaus brauchen wir Ziele für unsere Orientierung, damit wir die Energie, die in uns steckt, auch sinnvoll einsetzen können.

Verantwortung lernen

Sicher fällt es nicht immer leicht, die Verantwortung für sein Leben und die jetzige Lebenssituation zu übernehmen. Nicht jedem ist klar, dass er seinen Teil dazu beiträgt, in einer bestimmten Situation zu stecken oder aus ihr wieder herauszufinden. Und natürlich ist es leichter, die Verantwortung auf andere zu schieben (»Hätten meine Eltern mich studieren lassen, dann ...«,

»Wäre mein Chef nicht so ein Ekelpaket, dann …«), denn das kennen wir aus den ersten Lebensjahren. Als Baby können wir nur überleben, wenn uns ein anderer Mensch zur richtigen Zeit etwas zu essen gibt, für uns sorgt und uns liebt. Je größer die Kinder dann werden, umso mehr Verantwortung wird ihnen übertragen. Je nach Alter werden die Grenzen des Verantwortungsbereiches verschoben und ausgedehnt. Wer das jedoch nicht frühzeitig lernt, schiebt unter Umständen sein ganzes Leben lang Verantwortung auf andere. Die Lebensgeschichte von Richard, Sachbearbeiter in einer Bank, ist hierfür ein zwar extremes, aber anschauliches Beispiel.

Als Kind wurde Richard schwer krank und musste über lange Jahre gepflegt werden. Alles wurde von ihm fern gehalten, damit er sich nicht zu sehr anstrengen musste. Seine Familie übernahm nicht nur die Aufgaben, sondern auch die gesamte Verantwortung für das, was Richard tat. Sehr langsam, über einige Jahre hinweg, wurde sein Gesundheitszustand besser. Im Prinzip konnte Richard wieder am normalen Leben teilhaben. Trotzdem kümmerte sich die Familie nach wie vor in der gleichen Form um ihn. Nach dem Abitur machte er eine Ausbildung zum Bankkaufmann. Als Richard 21 Jahre alt war, wurde er ins Leben entlassen: Er hatte seine Lehre beendet und sollte nun sein Leben selbst in die Hand nehmen. Glücklicherweise konnte er in der Bank weiterarbeiten. Sein Leben bekam Richard allerdings nie in den Griff. Wenn er mal zufällig einen seiner Mitschüler von früher traf, dann »waren die was«. Sie hatten studiert und eine gute Position in der Wirtschaft. Sie hatten es zu etwas gebracht. Richard dagegen fühlte sich unfähig, sein Leben selbst zu gestalten. Er war davon überzeugt, es nie zu etwas zu bringen, er fühlte sich nutzlos und überflüssig. Richard litt an schweren Depressionen.

Sein Problem war, dass er nie gelernt hatte, selbstverantwortlich zu handeln, er hatte sich abhängig machen lassen von seinem familiären Umfeld. Wie ein kleiner Junge stand er in einem meiner Seminare vor mir, mit Tränen in den Augen, und fragte, was er mit seinem Leben anfangen solle. Meine Empfehlung war, einen Psychologen vor Ort zu finden, der ihn bei der Suche nach sich selbst und seinem Lebensweg helfen konnte.

Richards Lebensgeschichte ist, wie gesagt, ein extremer Fall, der eher selten auftritt. Ich schildere ihn, weil er Ähnlichkeit mit einem anderen Fall besitzt, der sich ganz anders entwickelt hat.

Der Wille versetzt Berge

Seit einigen Monaten geht mein Sohn zum Karateunterricht. Sein Trainer, Marco, hat mir einmal seine Lebensgeschichte erzählt. Marcos Eltern hatten, als er gerade drei Jahre alt war, einen Unfall, bei dem er schwer verletzt wurde. Marco konnte sich jahrelang nicht bewegen, war eingezwungen in Gips und Bandagen. Seine Mutter wollte ihn mit dem Rollstuhl in die Schule fahren, doch Marco verweigerte es. Er wollte auf seinen eigenen Beinen gehen – und er schaffte es. Jeden Tag arbeitete er daran, einem normalen Leben näher zu kommen. Mit 21 Jahren war Marco der Karatemeister seines Landes. Sein Wille war so stark, dass er für seine Ziele kämpfen konnte: ein ganz normales Leben – trotz seiner Behinderung. Wenn ich ihn mir jetzt anschaue, kann ich keine Behinderung feststellen. Seine Devise war und ist: »›Es geht nicht‹ gibt es bei mir nicht.« Heute erteilt er behinderten Kindern Karatetraining, mit dem Erfolg, dass sie sich nicht nur besser bewegen können, sondern auch ihre schulischen Leistungen steigern konnten. Darüber verfasst er gerade seine Doktorarbeit.

Zeigen, wie man Verantwortung übernimmt

Während Richard sich in sein Schicksal ergab und anderen die Verantwortung überließ, nahm Marco sein Leben bereits in sehr jungen Jahren selbst in die Hand. Man kann Kindern schon früh zeigen, wie sie verantwortlich handeln. Je früher wir ihnen Verantwortung übertragen und ihnen deutlich machen, wie sie ihr Leben selbst gestalten können, desto leichter haben sie es später.

Wer bereit ist, die Verantwortung für sein Leben ganz zu übernehmen, der wird auch die Stolpersteine und Hürden auf seinem Lebensweg überwinden. Wer es schafft, destruktive Gewohnheiten zu erkennen und sich von ihnen zu lösen, der schafft Platz für konstruktive Verhaltensweisen.

Wer stark ist, kann auch Fehler zugeben

Selbstverantwortlich zu handeln ist aber nicht immer leicht, denn wir können nicht nur Erfolge verbuchen, sondern müssen auch für Fehler geradestehen. Geht eine Sache schief, suchen wir gern den Schuldigen in unserer Umgebung: Es lag an der Zeit, am Computer, am Kollegen – oder das Wetter war schuld. Ist aber nicht gerade der stark, der einen Fehler zugeben kann? Zollen wir nicht dem mehr Respekt, der die Verantwortung übernimmt, als dem, der sich sofort rechtfertigt? Schwierigkeiten werden nur überwunden, indem man sich mit ihnen auseinander setzt.

Schwierigkeiten als Chance nutzen

Einbrüche und Umbrüche als Chance nutzen

Einbrüche und Umbrüche im Leben sind normal, kein Leben verläuft immer glücklich und glatt. Wir können uns das schönste Lebenskonzept erstellen, es wird immer Höhen und Tiefen geben, die wir nicht vorhersehen können. Aber gerade diese Schwierigkeiten sind es, die uns herausfordern, fördern und formen. Oftmals werden wir durch sie gezwungen, unser Leben neu zu bedenken und uns erneut zu fragen, was wir *wirklich* wollen. Vielleicht müssen wir dem Leben neuen Schwung geben, eine Kehrtwendung machen, neue Gebiete kennen lernen oder einfach nur unsere Fähigkeiten weiterentwickeln oder neue lernen. Das Leben lehrt uns zu lernen, und dies nicht nur durch große Ereignisse, sondern auch durch kleine und manchmal triviale Alltäglichkeiten.

Ziele und Prioritäten vereinbaren

Wie aber initiiert man Veränderungen? Was muss man tun, damit die Wünsche auch Realität werden und das Ganze nicht wieder im Sande verläuft? Ein wesentliches Element für Erfolg ist, sich klare Ziele zu setzen. Was konkret will man in welchem Bereich verändern? Möchte man mehr Sport treiben, sein Französisch auffrischen oder einen weiteren Zeichenkurs besuchen? Bis wann sollen die einzelnen Ziele erreicht werden? Schreiben Sie also sämtliche Ziele auf und versehen Sie sie mit einem Endtermin. Als Nächstes müssen die Prioritäten verteilt werden. Was kommt zuerst, was ist am dringendsten, was hat Vorrang, was kann noch etwas warten? In diesem Schritt geht es darum, sich nicht zu viel vorzunehmen. Maß zu halten, nicht alles auf einmal anzustreben erhöht die Erfolgsquote. Nach dem Festlegen von Zielen und Terminen setzen Sie für die einzelnen Ziele Zwischentermine. Am besten trägt man sich diese Termine in seinen Terminkalender ein, damit man sie immer vor Augen hat. Was, bis wann, wie, mit wem? Mindestens einmal in der Woche sollte man kontrollieren, wie weit man seinen Zielen schon näher gekommen ist oder was einen gehindert hat, etwas aktiv für das jeweilige Ziel zu tun.

Aus Rückschlägen lernen

Ganz wichtig ist auch, dass man lernt, mit Rückschlägen umzugehen. Rückschläge erleiden wir nicht selten – sie gehören einfach zum Leben dazu. Die Frage ist doch nur, wie man sie begreift und mit ihnen umgeht. Ärgert man sich über sie oder macht man das Beste aus ihnen? Und ganz ehrlich: Haben Sie nicht auch die Erkenntnis gewonnen, dass man auch aus Rückschlägen sehr viel Positives ziehen kann? Fragen Sie sich nach einem Rückschlag: Was kann ich daraus lernen? Wie bringt mich das im Leben weiter? Welche Erkenntnis ziehe ich daraus? Worauf weist mich der Rückschlag hin? Vielleicht war das nicht der richtige Weg. Finden Sie positive Antworten für diese Ereignisse.

Kapitel II: Unser Lebenskonzept

Wer ein erfülltes und ausgeglichenes Leben führen möchte, braucht ein gut durchdachtes Lebenskonzept. Die Bedürfnisse und Wünsche verändern sich in den unterschiedlichen Phasen unseres Lebens. Wenn wir Mitte zwanzig sind, gestaltet sich unser Leben anders, als wenn wir gerade unseren 50. Geburtstag hatten. Um Zufriedenheit zu finden, müssen wir in unser Lebenskonzept die Anforderungen und Ansprüche der unterschiedlichen Phasen unseres Daseins integrieren. Ein Lebenskonzept ist wie ein Grundrezept für ein Gericht und hilft Ihnen, die entsprechenden Zutaten rechtzeitig zu besorgen. So verwenden Sie Ihre Zeit für das Erreichen Ihrer Ziele und nicht dafür, Ihr Leben zu improvisieren, weil sie plötzlich feststellen, dass eine wichtige Zutat fehlt. Denn Work-Life-Balance zu leben heißt immer wieder auf's Neue zu entscheiden, wofür man seine Zeit verwendet – und wofür nicht. Gerade deshalb ist die Zeit, die Sie sich für die Gestaltung Ihres Lebenskonzeptes nehmen, so wichtig und sollte Bestandteil Ihres Work-Life-Managements sein. Um ein besseres Verständnis unserer vier grundlegenden Lebensbereiche zu bekommen, betrachten wir einmal die Abschnitte, in die sich unser Leben unterteilt. Finden Sie dabei für sich heraus, was Ihnen in früheren Lebensphasen wichtig war, heute wichtig ist und was Sie für sich in Bezug auf die Zukunft feststellen. Notieren Sie die Antworten in Ihrem persönlichen Heft oder Ordner, sodass Sie auch später – in den anderen Kapiteln – wieder darauf zurückgreifen können.

Nachdem Sie diese Fragen für sich beantwortet haben, führt der nächste Schritt zu Ihrer aktuellen Lebenslandschaft, die Sie mit einer kreativen Methode analysieren können. Auch hier finden Sie Beispiele von anderen Menschen. Mit einem Blick zurück werden Sie Ihren Lebensweg besser verstehen können. Rechnen Sie hier auch aus, wieviel Prozent Ihrer Zeit Sie in Ihren verschiedenen Lebensbereichen Arbeit, Beziehungen, Gesundheit und Sinn verbringen.

Die verschiedenen Lebensphasen

Die erste Lebensphase – von der Geburt bis zum Ende der Ausbildung

Diese Phase umfasst Kindheit, Jugendzeit und Ausbildung. Die enge Verknüpfung mit Eltern, Erziehern, Lehrern und unserem gesamten sozialen Umfeld presst uns in eine relativ große Abhängigkeit. Unser Entscheidungsspielraum ist mehr oder weniger davon abhängig, wie viel Bewegungsfreiheit uns gelassen wird und wie weit wir uns über die Grenzen hinauswagen. In dieser Zeit lernt man, sich anzupassen, um zu gefallen oder um Schwierigkeiten aus dem Weg zu gehen. Oder man überschreitet seine Grenzen und testet aus, welche Konsequenzen daraus erwachsen.

In dieser Phase durchleben wir aber auch eine Zeit, in der die Verantwortung uns größtenteils von anderen abgenommen wird. Ganz wesentlich wird in diesen jungen Jahren unser Sozialverhalten geprägt: Wie gehe ich mit anderen Menschen um? Was darf ich und was darf ich nicht? Früh in der Kindheit kristallisieren sich diese Fähigkeiten im Umgang mit anderen Menschen heraus. Diese Lebensphase ist ein wahres Experimentierfeld – vorausgesetzt, man lässt uns und hilft uns dabei, unsere Fähigkeiten zu entwickeln und unsere Kreativität richtig einzusetzen. Die zentralen Fragen dieser Zeit sind:

- Wie funktioniert die Welt?
- Was gibt es zu entdecken?
- Was kann ich gut, was darf ich nicht?
- Wer ist für mich da?
- Was macht mir Spaß?
- Wie kann ich mich durchsetzen?
- Wie erlebe ich Macht?
- Wo ist mein Platz in dieser Welt?

Die erste Phase umfasst die Jahre des Lernens und des Entdeckens.

Die zweite Lebensphase – bis zum Ende der Zwanziger

Endlich kann man frei entscheiden, was man tun und lassen möchte. Die Ausbildung ist abgeschlossen, den ersten Job hat man schon gefunden und endlich ist eigenes Geld in der Tasche. Die Welt ist groß und man genießt erst einmal seine Unabhängigkeit. Was jetzt zählt, sind Fun, Freunde, Partner und Erlebnisse. Das Geld fließt hier so manchem durch die Finger. Das Jetzt ist wichtig, die Zukunft wird zunächst nach hinten geschoben. Eine berufliche Langfristplanung findet erst Ende der Zwanziger statt. Die wichtigsten Fragen dieser Phase sind:

- Wie kann ich meine Bedürfnisse und Wünsche ausleben?
- Wo und mit wem möchte ich Spaß haben?
- Wo sind die Leute, die zu mir passen?
- Wie verdiene ich schnell Geld?
- Was möchte ich im Job erreichen?

Das sind die Jahre des Erlebens und Genießens.

Die dritte Lebensphase – von dreißig bis Mitte vierzig

In der dritten Lebensphase suchen wir nach Stabilität, sowohl beruflich als auch in der Partnerschaft. Anschaffungen und Ausgaben werden am Nutzen orientiert und an der Frage, was wirklich gebraucht wird. Mitte der Dreißiger erfolgt dann eine erste Bestandsaufnahme des Lebens und der Gedanke an die Altersvorsorge rückt näher. Beziehungen werden enger, man löst sich nicht mehr so leicht aus freundschaftlichen Kontakten. Freunde sind als Berater unentbehrlich. Die Energie wird überwiegend in die berufliche Entwicklung gesteckt. Man blickt auf erste Erfolge zurück und möchte noch viel mehr erreichen. In dieser Phase fragen Sie sich:

- Was habe ich bis jetzt erreicht?
- Wie stelle ich mir meinen weiteren Berufsweg vor?
- Was habe ich aus meinen Erfahrungen gelernt und wie kann ich diese am besten für mich nutzen?

- Wie und mit wem möchte ich mein Leben gestalten? Möchte ich Familie, Kinder?
- Was brauche ich für meine weitere persönliche Entwicklung?
- Welche Prioritäten gibt es in meinem Leben? Was ist mir in meinen einzelnen Lebensbereichen ganz besonders wichtig?
- Wie möchte ich später gerne leben? Was kann ich dazu schon heute tun?

Es ist eine Zeit der Entwicklung und der Konsolidierung.

Die vierte Lebensphase – Mitte vierzig bis Ende fünfzig

Die vierte Phase hat zwei Seiten. Wer bis hierhin sein Haus bestellt und viele Ziele erreicht hat, bei dem tritt das persönliche Erleben wieder in den Vordergrund. Die jugendliche Hektik der Dreißiger macht einer inneren Ruhe und Sicherheit Platz. Prioritäten und Wertigkeiten ändern sich. Worauf man früher nicht verzichten wollte, ist heute unwichtig geworden. Man tritt in ein neues Bewusstsein ein. Die Suche nach dem Sinn des Lebens beginnt. Damit der Körper fit bleibt, wird man körperlich wieder aktiver.

Für manche beginnt hier auch wieder ein neuer Lebensabschnitt mit einer weiteren Herausforderung. Eine neue Chance für einen Berufswechsel, der Weg in die Selbstständigkeit, eine aktive Beteiligung in der Politik oder im Gemeinwesen bieten sich hier an. Wer sich in dieser Zeit nach einem neuen Job umsehen muss, braucht klare Ziele und Menschen, die ihn unterstützen. In dieser Phase tritt schnell eine Sinnkrise ein. Nicht umsonst ist die Sterblichkeitsrate in den Vierzigern relativ hoch. Wer sich nicht sicher fühlt, sollte sich nicht scheuen, professionelle Hilfe in Anspruch zu nehmen. Die zentralen Fragen dieser Phase sind:

- Worin war ich bisher besonders erfolgreich?
- Welche neuen Chancen bieten sich mir?
- Wie kann ich meine Fähigkeiten noch besser einsetzen?
- Welche Dinge sind mir ganz besonders wichtig?
- Worauf kann ich verzichten, was vom Alten kann ich ablegen?

Die vierte Lebensphase ist eine Zeit veränderten Bewusstseins und neuer Herausforderungen.

Die fünfte Lebensphase – Anfang sechzig und die Jahre danach

Mit der fünften Phase beginnt ein neuer Lebensabschnitt. Man steht kurz vor der Rente und stellt sich die Frage, wie man die nächsten 20 bis 30 Jahre verbringen möchte. Angesichts gestiegener Lebenserwartung haben wir noch viel Zeit. Die Vorbereitung auf diese Phase beginnt meist schon Anfang der Fünfziger. Die Suche nach weiteren Interessen, Hobbys und Beschäftigungen beginnt, aber auch der Wunsch nach Freiheit und Unabhängigkeit erwacht. Fragen, wie und wo man seine Fähigkeiten und Erfahrungen sinnvoll einbringen kann, werden relevant. Man unternimmt nur noch Dinge, die Spaß und Freude machen, man wird wieder neugieriger und risikobereiter. Viele ziehen auch den Vorruhestand in Betracht, um sich neuen Aufgaben oder ihrem Hobby zu widmen. Je besser die Vorbereitung auf diese Phase war, umso aktiver kann man sie erleben. In dieser Phase stehen besonders folgende Fragen im Zentrum:

- Worauf kann ich zurückblicken?
- Wie kann ich ein aktives Leben gestalten?
- Welche Potenziale möchte ich weiterhin nutzen?
- Welche kleinen und welche großen Dinge möchte ich noch erleben?
- Was wollte ich immer schon mal tun, wenn ich genügend Zeit hätte?
- Was kann ich vielleicht für die Gemeinschaft tun?

Die fünfte Phase ist eine Zeit der Freude und Aktivität.

Landschaften in unserer Lebensphase

Das Leben verläuft nicht stromlinienförmig

Bevor wir herausfinden können, was wir in unserem Leben ändern möchten, müssen wir wissen, wo wir stehen. Wie Hendrik aus Kapitel I, dessen Leben viele Stationen mit unterschiedlichen Anforderungen an seine Qualifikation und Fähigkeiten durchlief, geht es heutzutage vielen Menschen. Nur wenige haben einen stromlinienförmigen Lebensweg.

Das Leben – eine Landschaft

Unser Leben lässt sich gut mit einer Landschaft vergleichen. Die einzelnen Gebiete können vielfältig, leicht überschaubar, strukturiert oder unstrukturiert, harmonisch oder chaotisch sein. Es gibt Landschaften, in denen man schneller oder langsamer vorankommt. Es finden sich aber auch Dschungel, die so undurchdringlich sind, dass man sprichwörtlich den Wald vor lauter Bäumen nicht mehr sieht. Wie Landschaftsarchitekten gestalten wir unser Leben, pflanzen an, roden und formen so eine Umgebung, in der wir uns wohl fühlen können. Manche Menschen leben in sehr kleinen, engen und begrenzten Landschaften – eine Reise in die nächste Stadt kommt da einer Weltreise gleich. Andere sind aus ihren Grenzen ausgebrochen, suchen nach neuen, interessanten und aufregenden Gebieten. Wieder andere leben global. Für sie gleicht das Leben den Möglichkeiten, die die Welt bietet. Jeder von uns ist mehr oder weniger bemüht, in seiner Landschaft zurechtzukommen. Was haben Sie für eine Lebenslandschaft? Welche Gebiete gibt es bei Ihnen?

Wir – die Landschaftsarchitekten

Auch Sie befinden sich im Moment in einer bestimmten Lebensphase. Wie sieht sie aus? Was kennzeichnet sie? Mit der nachfolgenden Übung können Sie auf kreative Weise herausfinden, an welchem Punkt Sie gerade stehen.

Meine Lebenslandschaft

Diese Übung mache ich regelmäßig in meinen Work-Life-Balance-Seminaren. Sie brauchen dafür Papier in der Größe DIN A4 oder A3 und Buntstifte, kräftige und dezente Farben. Haben Sie Lust zu dieser Übung? Dann lassen Sie sich überraschen, was dabei herauskommt.

Wichtig ist, dass Sie sich ein wenig Zeit nehmen. (Wenn es im Moment also nicht passt, dann verschieben Sie die Übung einfach auf später.) Suchen Sie sich einen bequemen Platz und legen Sie sich vielleicht noch eine schöne CD ein. Stellen Sie sich folgende Einstiegsfragen:

- Wo stehe ich im Augenblick in meinem Leben – beruflich und privat?
- Wie fühle ich mich dort?

Nehmen Sie sich zwischen 15 und 30 Minuten Zeit. Um ein Motiv zu finden, hilft Ihnen vielleicht die Überlegung: Was drückt meinen momentanen Zustand am besten aus? Sie müssen nicht unbedingt eine Landschaft malen. Es kann auch etwas ganz anderes sein. Fragen Sie sich: In welchem Bild finde ich mich und meine Situation wieder? Ist es eine Landschaft, ein einzelnes Objekt oder eine abstrakte Komposition?

Lassen Sie sich von Ihrem Unbewussten inspirieren, malen Sie einfach drauflos. Sie müssen keinen Wettbewerb gewinnen, es geht nicht um Schönheit, sondern um Informationen, die Ihr Unbewusstes bei dieser Übung liefern kann.

Machen Sie nach dem Malen eine kurze Pause. Trinken Sie eine Tasse Kaffee oder Tee oder machen Sie etwas ganz anderes. Betrachten Sie dann das Bild eingehend, und zwar so, als hätte es ein anderer gemalt. Lösen Sie sich von Ihrem eigenen Werk, damit Sie offen sind für neue Perspektiven.

Folgende Fragen helfen Ihnen bei der Interpretation:

- Welche Eindrücke empfange ich, wenn ich das Gesamtbild betrachte? Wirkt das Bild harmonisch oder eher nicht? Was ist seine Gesamtaussage?
- Welche Gefühle oder Empfindungen habe ich, wenn ich das Bild betrachte? Wie geht es mir dabei?
- Was nehme ich wahr, wenn ich die einzelnen Bildelemente getrennt betrachte? Was könnten diese bedeuten, im Einzelnen, im Zusammenhang mit anderen?
- Tritt etwas ganz besonders hervor? Weshalb?
- Welche Elemente erscheinen mir besonders wichtig?

- Was kann ich alles in das Bild hineininterpretieren? Welche Ideen habe ich dazu?
- Was fehlt auf dem Bild? Was habe ich vergessen oder bewusst nicht mit hineingebracht?

Machen Sie sich noch einmal bewusst, was Sie ursprünglich zu den einzelnen Elementen, Formen und Farben bewogen hat, und ziehen Sie schließlich ein Resümee aus diesem Bild:

- In welchen Lebensbereichen gibt es etwas zu ändern? Was ist das konkret?
- Womit sollte ich mich mehr beschäftigen?
- Was kann ich aus dem Bild lernen?

Schreiben Sie möglichst alles auf, was Ihnen einfällt. Diese Gedanken sind oft schnell wieder verschwunden. Durch das Aufschreiben können Sie jedoch später damit weiterarbeiten.

Zeigen Sie Ihr Bild anderen Menschen, Ihrem Partner, Ihrem besten Freund oder Ihrer besten Freundin, und fragen Sie sie, was sie darin erkennen. Sie werden erstaunt sein, wie andere Sie einschätzen und welche Potenziale sie an Ihnen erkennen.

Mit dieser Übung können Sie schnell Ihre kritischen Stellen herausfinden: Wo stimmt die Balance nicht? Wo gebe ich zu viel hinein, wo zu wenig und was muss oder sollte ich dringend ändern? Es treten aber auch die positiven Aspekte zu Tage, das, womit Sie zufrieden sind.

Hier einige Beispiele:

Ulrike, Bereichsleiterin in einer großen Firma, malte ein Landschaftsbild. Mitten drin wuchs ein riesiger Baum mit dickem Stamm und kräftigen Ästen, aber ohne Blätter. Um den Baum herum standen Menschen. Links von ihm regnete es aus dicken schwarzen Wolken, rechts schien die Sonne. Ihr Kommentar zu diesem Bild: »Ich fühle mich von allen ausgesogen. Jeder will was von mir. Ich bin stark (der Baum), stehe fest mit beiden Beinen auf dem Boden und versuche, es allen recht zu machen.« Auf die Frage, warum sie keine Blätter gemalt hätte, antwortete sie: »Das sind meine persönlichen Wünsche. Und die habe ich aufgegeben. Ich komme nicht dazu, mich mit meinen Bedürfnissen zu beschäftigen, weil ich immer nur für die anderen da bin. Für die Firma, meinen Partner, meine Kinder, meine Familie.« Auf die Frage nach ihrem Gefühl antwortete sie: »Ich fühle mich zeitweise kraftlos und leer, muss aber andererseits immer die Powerfrau sein.«

Michael, Vertriebsleiter, malte ein abstraktes Bild: einen Kreis, der fast das ganze Blatt ausfüllte. Die Außenränder wurden von unzähligen schwarzen Pfeilen attackiert. Der Kreis hatte eine gelbe Grundfarbe mit sehr vielen verschiedenfarbigen Klecksen. Diese Kleckse dominierten den Kreis. Sein Kommentar zu seinem Bild: »Meine Grundstimmung ›Gelb‹ ist meine positive Grundhaltung. Die bunten Kleckse sind all die Dinge, die ich mache und machen möchte. Die schwarzen Pfeile von außen sind die Störfaktoren, die mich an der Realisierung meiner vielfältigen Interessen hindern.« Seine Gefühle äußerten sich in Ungeduld und Nervosität seinen Mitarbeitern und Bekannten gegenüber.

Anregungen für Veränderungen

Im Seminar tauschen wir uns über unsere Bilder aus. Die meisten Teilnehmer sind überrascht über das, was andere zusätzlich in ihren Bildern lesen. Nicht wenige erhalten hier erste Anregungen, was sie in ihrem Leben ändern könnten.

Mit dieser ersten Standortanalyse betrachten wir unsere aktuelle individuelle Situation: Wo wir stehen, wie wir uns fühlen. Oft erlebe ich im Seminar, dass die meisten Teilnehmer gar nicht so unzufrieden sind, wohl aber sich sehr unter Druck fühlen.

Sich trauen, etwas zu tun, von dem man weiß, dass man es nicht besonders gut kann

Sehen Sie sich Ihr Bild an – es ist ein richtig schönes Kinderbild geworden, nicht wahr? Die meisten Gemälde, die im Seminar entstehen, könnte man ohne Probleme im Kindergarten aufhängen. Es würde nicht auffallen, dass sie von Erwachsenen stammen. Dies ist ein wichtiger Prozess des Lernens, da wir ja meistens nach Perfektion streben. Man muss auch mal etwas wagen, von dem man weiß, dass man es nicht besonders gut beherrscht. Vermutlich würde uns ein Galerist diese Bilder nicht abnehmen, aber sie sind äußerst wertvoll für jeden Einzelnen, da sie sehr aussagekräftig sind.

Lebenskonzepte entwerfen

Ein erfülltes und zufriedenes Leben sieht für jeden anders aus. Um die eigene Existenz so zu gestalten, dass man von sich sagen kann: »Ich bin glücklich«, muss man sich und seine Bedürfnisse gut kennen. Nur so können wir uns die wirklich wichtigen Wünsche erfüllen.

Der Fischer …

Es lebte einmal ein Fischer. Der Mann besaß ein einziges Boot, mit dem er jeden Morgen zum Fischen aufs Meer hinausfuhr. Der Fang reichte, um ihm und seiner Familie ein Dach über dem Kopf, genügend zu essen und zum Anziehen zu bieten. Eines Tages traf er einen Mann, der in dem Fischerdorf Urlaub machte. Dieser hatte den Fischer schon seit einigen Tagen beobachtet und sprach ihn nun an: »Warum fährst du nur mit einem Boot hinaus aufs Meer? Kauf dir doch noch Boote hinzu und heuere ein paar Männer an, dann musst du nicht mehr selbst zum Fischen rausfahren. Du kannst deiner Familie ein schönes großes Haus bauen, dich auf deine Terrasse legen und dein Leben genießen.« »Warum sollte ich das tun?«, fragte der Fischer. »Ich brauche das nicht.« »Glaube mir«, antwortete der Mann, »es wird dir viel viel besser gehen, wenn du das machst.« Daraufhin antwortete der Fischer: »Ich bin glücklich mit dem, wie es jetzt ist. Ich brauche nicht mehr. Mein Leben ist erfüllt.«

Seine persönliche Erfüllung finden

Der Fischer hat seine Erfüllung gefunden. Für ihn ist es ein Genuss, jeden Tag in der Frühe aufs Meer hinauszufahren, das Salzwasser zu riechen und mit sich selbst allein zu sein. Er braucht keine Mannschaft, er will sein eigener Herr sein und bleiben.

Erfüllung findet jeder nur in sich selbst. Materielles bietet Sicherheit und kann beruhigen. Erfüllung aber bringt Materielles nur demjenigen, der in seinem Leben, bei seiner Arbeit und seinem Tun, mit sich selbst im Gleichklang ist. Glücklich und zufrieden ist nur der, der seinen Platz und seine Aufgabe im Leben gefunden hat.

Die Sekretärin ...

Vor einiger Zeit habe ich bei einem Kunden, einer großen Rechtsanwaltskanzlei, eine Sekretärin getroffen, die den ganzen Tag nur Schriftsätze für die Anwälte tippte. Knopf im Ohr und tippen. Von morgens bis abends. Fünf Tage in der Woche. Da würde so mancher spätestens nach einer Woche das Weite suchen. Auf meine Frage, ob ihr das denn nicht langweilig werden würde, antwortete sie mit strahlendem Gesicht, dass sie sich nichts anderes wünsche. Das wäre genau der richtige Job für sie. Sie war erfolgreich, wenn keine Korrekturen zurückkamen und sie die Schriftsätze schneller als andere tippen konnte. Hohe Qualität, Zuverlässigkeit und Schnelligkeit waren ihr Erfolgsprinzip und dafür bekam sie die Anerkennung aller Mitarbeiter. Sie war die beste »Tippse«. Das konnte man nur bewundern. Diese Ausdauer, Konzentration, Ausgeglichenheit und Fröhlichkeit trotz oder vielleicht gerade wegen eines – in meinen Augen – eintönigen Jobs.

Erfolg bedeutet für jeden etwas anderes

Wie gesagt: in meinen Augen. Wir sind nämlich schnell geneigt, unsere Definition von Erfolg auch auf andere zu übertragen. Die Gefahr ist dabei, andere gering zu schätzen, die unserem Anspruchsniveau nicht entsprechen. Was ich in meiner langen Berufstätigkeit jedoch immer wieder feststellen konnte, ist zweierlei: Erfolg bedeutet für jeden etwas anderes, und erfolgreiche Menschen sind selbstsicher. Wer zufrieden ist mit sich, seiner Arbeit und seinem persönlichen Umfeld, muss sich weder rechtfertigen noch andere abwerten. Glückliche Menschen schaffen es mit Leichtigkeit, andere Menschen in ihrer Einzigartigkeit zu schätzen, und erfahren die Wertschätzung auch im Gegenzug.

... und der Millionär

Hier ein weiteres Beispiel für die Definition von Erfolg: In einem psychologischen Seminar traf ich einen sehr erfolgreichen Immobilienmakler: Roland. Er war Anfang vierzig, verheiratet und hatte drei Kinder. Roland hatte sich schon früh in seinem Leben in den Kopf gesetzt, Millionär zu werden – und mit Mitte zwanzig hatte er das auch geschafft. Nach dem Abschluss einer kaufmännischen

Lehre arbeitete Roland in einem größeren Unternehmen im Vertrieb. Dort wurde er bald als Verkäufer nach Südafrika versetzt, wo die Vertriebsorganisation komplett neu aufgebaut werden sollte. Seine englischen Schulkenntnisse erweiterte Roland im Handumdrehen direkt dort im Land: Learning by doing. Sein Ehrgeiz, so schnell wie möglich reich zu werden, trieb ihn vorwärts. Innerhalb von zwei Jahren verdiente er mehr als sein Vorgesetzter, der Geschäftsführer dieses Geschäftsbereichs. Rolands Gehalt war umsatzabhängig mit einem kleinen Basisgehalt, denn um Leute für diesen Job in Südafrika zu finden, hatte das Unternehmen die Umsatzbeteiligung recht großzügig bemessen. Die erste Million war durch dieses Bonussystem und die unermüdliche Arbeit schnell erreicht. Roland war Tag und Nacht unterwegs, um die Produkte seiner Firma an den Mann zu bringen. Er definierte beruflichen Erfolg als »hohes Einkommen, persönliche Anerkennung und hohe Leistungsbereitschaft«.

Ist Roland erfolgreicher als die Sekretärin? Hat er Erfüllung in seinem Leben gefunden? Als ich Roland seinerzeit traf, befand er sich gerade in einer Übergangssituation. Der alte Lebensabschnitt ging zu Ende, der neue hatte noch nicht begonnen. Dieser Einschnitt war für ihn besonders gravierend: Seine Ehe war in die Brüche gegangen, die Kinder hatten ihn nie richtig kennen gelernt und die Millionen waren auch weg. Nur ein paar größere Immobilien blieben ihm. All diese Ereignisse traten komprimiert innerhalb eines Jahres auf. In dieser Situation stellte sich die Frage: »Was will ich wirklich? Was ist mir wirklich wichtig?« Er fragte nach dem Sinn seines Lebens.

Roland hat seine Rückschau mit vierzig gehalten. Doch unabhängig davon, in welcher Lebensphase Sie sich gerade befinden: Sie können jederzeit eine Rückschau auf Ihr Leben halten. Schauen Sie auf Ihre damaligen Erfahrungen, Wünsche und Erfolge und darauf, wohin diese Sie gebracht haben.

Rückschau auf die Vergangenheit

Wir sammeln im Laufe unseres Lebens unendlich viele Erfahrungen. Damit wir das Rad nicht immer neu erfinden müssen, übertragen wir diese auf unsere Gegenwart und gestalten damit unsere Zukunft. Dieser Rückblick dient dazu, Ressourcen aus der Vergangenheit in die Gegenwart zu transportieren. Unsere ganz besondere Aufmerksamkeit richten wir dabei auf unsere positiven Erlebnisse und Erfahrungen.

An welches Erfolgserlebnis aus meiner Kindheit erinnere ich mich heute noch? Was genau war das?

____

____

Was haben mir meine Eltern oder diejenigen, mit denen ich im engeren Familienband gelebt habe, fürs Leben mitgegeben, das mir heute noch wichtig ist? Welche Einstellungen, Wertehaltungen, Sätze sind mir besonders im Gedächtnis geblieben?

____

____

Wer diente mir in meiner Kindheit als Vorbild? Welche Eigenschaften besaß diese Person? Welche davon haben mich besonders beeindruckt?

____

____

Was konnte ich als Kind ganz besonders gut? Was hat mir damals großen Spaß gemacht?

____

____

Als ich noch jung war, wer oder was wollte ich damals gerne sein? Wie hatte ich mir mein Leben vorgestellt? Welche Visionen gab es?

____

____

Wem bin ich ganz besonders dankbar für seine Impulse, Unterstützung und Hilfe in meinem Leben?

Wenn ich an meine Kindheit, Jugend und Ausbildung zurückdenke: Wovon profitiere ich heute noch?

In welchem Bereich hätte ich gerne mehr Freiraum gehabt? Was hätte ich gerne verwirklicht?

Gibt es etwas, einen Gedanken, eine Idee, das ich heute gerne wieder aufgreifen würde? Wenn ja, was ist das?

Worauf bin ich ganz besonders stolz, dass ich das geschafft habe?

Erfolgreiche Lebensbalance

Alles geht nicht

Wenn wir nicht *alles* wollen würden, wäre das Leben viel einfacher. Aber wir möchten einen attraktiven Job, bei dem wir gutes Geld verdienen; wir wollen einen gesunden und schönen Körper, eine liebevolle Beziehung zum Partner und zu den Kindern, fruchtbare Beziehungen zu anderen Menschen; und natürlich möchten wir unseren ganz persönlichen Interessen nachgehen. Konflikte sind da regelrecht programmiert. Wer zwölf und mehr Stunden am Tag im Büro sitzt, verdient zwar meistens viel Geld und erhält berufliche Anerkennung, aber er hat nicht mehr genug Zeit, Partner, persönliche Interessen und Freunde unter einen Hut zu bringen.

Ein ausgeglichenes Verhältnis finden

Was sind wir bereit zu tun, um *alles* zu bekommen? Wie viel Zeit und Energie stecken Sie in Ihren Job? Und wie viel Zeit und Energie bleibt Ihnen für die anderen Lebensbereiche? Haben Sie den Eindruck, dass das Verhältnis ausgeglichen ist? Analysieren Sie einfach einmal selbst.

Es gibt vier große Bereiche, in die wir unser Leben aufteilen können:

- Beruf, Arbeit, Karriere
- Beziehungen, Kontakte, Familie
- Gesundheit, Körper, Geist
- Lebensgestaltung, Sinn

Jeder dieser Bereiche erhält ein individuelles Zeitkontingent. Unser Beruf ist beispielsweise ein zeitintensives Feld, andere Segmente beanspruchen weniger Zeit. Den meisten Menschen geht es jedoch so, dass einige Bereiche regelrecht zu kurz kommen. Wünsche, was man machen möchte, sind zwar da, die Zeit dafür fehlt jedoch.

Meine Zeitbalance

Testen Sie einmal Ihre Zeiteinteilung. Betrachten Sie, wie viel Zeit Sie welchem Bereich widmen. Rechnen Sie dabei nur Ihre Wachzeit, also 24 Stunden minus x Stunden Schlafenszeit, das ergibt y zur Verfügung stehende Zeit. Verteilen Sie nun diese Stunden auf die vier Lebensbereiche. Am Ende der Übung finden Sie dann eine Prozentachse, in der Sie Ihre Zeiten umrechnen können. Y ist bei 100. Natürlich ist die Zeitverteilung phasenweise sehr unterschiedlich. Legen Sie einfach den Querschnitt einer normalen Arbeitswoche zu Grunde.

Meine durchschnittliche Schlafenszeit
pro Woche: ________ Stunden
Es verbleiben: ________ Stunden

Der Bereich der Arbeit

Dieser Bereich nimmt bei den meisten Menschen den größten Raum ein. Rechnen Sie zu Ihren Wochenstunden noch die Zeit für Pausen sowie An- und Abfahrt hinzu. Schreiben Sie auf, wie viele Stunden Sie effektiv mit Ihrer Arbeit beschäftigt sind. Sollten Sie Arbeit mit nach Hause nehmen, rechnen Sie diese Zeit selbstverständlich mit.

Meine Arbeitszeit: ____________ Stunden

Meine Zeit für Gesundheit

Was tun Sie konkret für Ihre Gesundheit? Nicht das, was Sie eigentlich tun sollten, sondern das, was Sie tatsächlich tun. Bewegen Sie sich, treiben Sie Sport? Was tun Sie sonst noch für Ihren Körper. Schreiben Sie auf, was Sie wie lange machen, und zählen Sie die Stunden am Ende zusammen.

Für meine Gesundheit:	Zeit:
__________________________	________________
__________________________	________________
__________________________	________________
__________________________	________________

Meine Gesamtzeit für Gesundheit: _________ Stunden

Meine Zeit für Beziehungen und Kontakte

Kontakte zu anderen Menschen sind sehr wichtig. Finden wir doch in sozialen Beziehungen Liebe, Geborgenheit, Zuwendung, Anerkennung, Spaß, Unterstützung und vieles mehr. Notieren Sie Ihre Kontaktpartner (Partner, Kinder, Freunde, Eltern, sonstige private und eventuell berufliche Kontakte) und wie viel Zeit Sie mit ihnen verbringen. Fassen Sie dies zusammen und berechnen Sie die Gesamtzeit.

Kontaktperson/en:	Zeit:
______________________________	__________________
______________________________	__________________
______________________________	__________________
______________________________	__________________
______________________________	__________________
______________________________	__________________
______________________________	__________________
______________________________	__________________

Meine Gesamtzeit für Kontakte: _______________ Stunden

Nun haben wir fast alle Bereiche analysiert. Was jetzt noch fehlt, das sind wir selbst und die Fragen: Was treibt mich eigentlich? Was ist der Zweck meines Tuns, was gibt meinem Leben Sinn? Werde ich vom Schicksal geleitet oder gestalte ich mein Leben selbst?

Zeit für meine Lebensgestaltung

An dieser Stelle werden Sie wahrscheinlich bemerken, dass Sie dieses Thema gar nicht richtig fassen können. Arbeit, Gesundheit, Beziehungen, das sind Lebensbereiche, denen Sie auch bisher Zeit ganz selbstverständlich gewidmet haben. Aber um über den Lebenssinn und -zweck nachzudenken, dafür planen die wenigsten von uns Zeit ein. Dabei ist gerade dieser Punkt der wichtigste von allen, denn es geht um die Grundsatzthemen Liebe, Religion, Selbstverwirklichung, Erfüllung, Philosophie und Zukunftsgestaltung.

Mein Lebenskonzept: _______________ Stunden

Zusammenfassung

Notieren Sie nun Ihre jeweilige Stundenanzahl in der folgenden Tabelle und rechnen Sie aus, wie viel Prozent Ihrer Zeit Sie welchen Bereichen widmen.

Bereich	**Zeitkontingent minus Schlafenszeit**	**In Prozent**
Arbeit		
Gesundheit		
Beziehungen		
Lebenskonzept		

Übertragen Sie die ermittelten Prozentpunkte in folgendes Koordinatensystem:

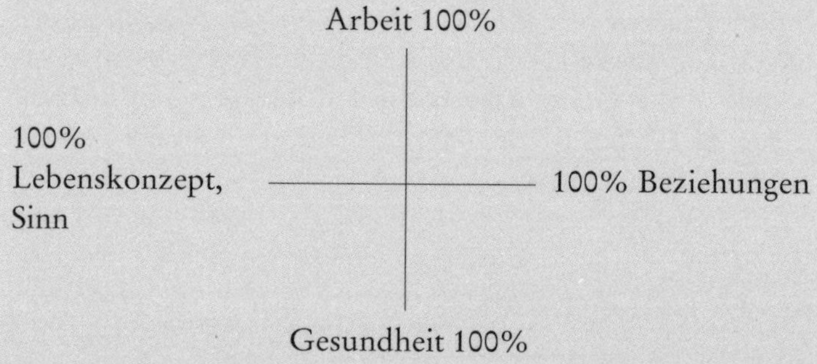

Es geht nicht darum, dass Sie jedem Bereich gleich viel Zeit und Aufmerksamkeit widmen, sondern darum, wie es Ihnen mit Ihrem Ergebnis geht. Fühlen Sie sich wohl mit Ihrer Zeitverteilung oder haben Sie das Gefühl, dass ein Bereich zu mächtig ist oder einer zu wenig beachtet wird? Lassen Sie die ganze Übung noch einmal von einem Freund oder Ihrem Partner für Sie machen, um zu sehen, wie er Ihre Zeitverteilung einschätzt. Stimmen Ihre Einschätzungen überein? Oder ist er der Meinung, dass Sie für einen Bereich zu wenig Zeit aufwenden, der ihm sehr wichtig ist? Die Erfahrung zeigt, dass manche – vor allem Männer – ihre Zeitinvestition in den Beziehungsbereich für höher halten, als es der Partner tut. Das sind dann die Punkte, an denen Konflikte in der Partnerschaft auftreten können.

Notieren Sie sich die Bereiche, die mehr Aufmerksamkeit als bisher brauchen. Fragen Sie sich, in welchem Segment Sie kürzer treten müssen, damit Sie den anderen mehr Zeit widmen können. Setzen Sie sich klare Ziele für die einzelnen Bereiche. Was genau wollen Sie ändern? Wie soll das aussehen? Wer profitiert davon in welcher Form? Wo könnte es Ihnen schwer fallen zu kürzen? Wie könnten Sie das lösen? Welche Ideen haben Sie, Ihre Zeitbalance neu zu gestalten?

Veränderungsphasen terminieren

Je öfter wir es schaffen, ein ausgewogenes Zeitverhältnis zu erreichen, umso zufriedener werden wir uns fühlen. Nicht jeder Bereich braucht gleich viel Zeit, sondern hat sein eigenes individuelles Zeitkontingent. Wichtig ist, sich diese Zeit zu nehmen. Es kann auch nicht Ihr Ziel sein, einen einmal gefundenen Balancezustand zu fixieren. Das Gleichgewicht im Leben ist immer auch abhängig von der aktuellen Situation, in der wir uns befinden. Haben wir gerade eine neue berufliche Position übernommen, muss uns klar sein, dass wir in diesen Bereich erst einmal »investieren« müssen. Neues kommt auf uns zu und wir müssen uns damit auseinander setzen. Die Einarbeitungs- und Lernphase benötigt einfach einen größeren Einsatz an Zeit und Engagement. Das bedeutet gleichzeitig: Wir müssen das Budget anderer Bereiche kürzen. Für solche Übergangsphasen sollten Sie einen konkreten Zeitraum festlegen. Beispielsweise ein halbes Jahr. Dadurch verhindern Sie, dass dieser Zeitraum sich ins Unendliche ausdehnt. Notieren Sie sich diesen Termin in Ihrem Kalender und prüfen Sie immer wieder, ob er realistisch ist und was Sie tun können, damit Sie ihn auch einhalten können.

Frustration und Unzufriedenheit treten ein, wenn wir einem Bereich über längere Zeit hinweg unsere gesamte Energie zuführen. Durch ein festes Zeitlimit verhindern Sie, dass Sie permanent unzufrieden sind, und machen sich und anderen klar, dass dies nur ein vorübergehender Zustand ist.

Der Sinn unseres Lebens

Phasen der Veränderung

Warum bin ich überhaupt auf der Welt? Was ist mir wichtig im Leben? Was soll das alles? Habe ich eine bestimmte Aufgabe zu erfüllen oder gebe ich meinem Leben selbst eine Richtung? Wie will ich meine Lebensjahre ausfüllen? Die Frage nach dem Sinn unseres Lebens stellt sich häufig erst nach Jahren psychischen Reifens oder wenn in unserem Leben ein Vakuum eintritt: Wenn wir beispielsweise genug Besitz angehäuft oder alles schon einmal erlebt haben.

Viele Menschen stellen sich verstärkt um die vierzig diese Fragen. Es sind oft Menschen, die bis dahin viel erreicht und finanziell ausgesorgt haben, die schon alles zu kennen glauben und die keine neuen Reize mehr finden. Aber auch diejenigen, deren Leben völlig anders verlaufen ist als geplant und die sich darum erfolglos fühlen, fragen sich nach dem Sinn und Ziel ihres Lebens, wie beispielsweise Roland, den Sie am Anfang dieses Kapitels kennen gelernt haben.

Auf der Suche ...

Wenn ich vom Sinn des Lebens spreche, komme ich mir beinahe alt vor. Vielleicht liegt es wirklich an der Lebenserfahrung, dass man erst in den Vierzigern innehält und Bilanz zieht. Ist man zwanzig oder dreißig Jahre alt, setzt man noch ganz andere Prioritäten. Wobei sich allerdings immer mehr jüngere Menschen auf die Suche nach der tieferen Bedeutung ihres Lebens machen. Das ist wahrscheinlich eine Auswirkung unserer aktuellen wirtschaftlichen Situation. Wer heute nach dem Studium keinen Job bekommt, sieht die Welt anders als derjenige, dem eine Festanstellung Sicherheit gibt.

... nach dem Sinn

Gerade junge Menschen, die trotz guter Ausbildung nicht in den Arbeitsmarkt hineinfinden, suchen nach Halt und Sinn im Leben. Demgegenüber gibt es diejenigen, die sich um nichts Sorgen machen müssen, diejenigen, die rund um die Uhr Abenteuer und Erlebnisse suchen. Paul gehört zu dieser Szene. Doch in der letzten Zeit wird ihm die Suche nach Fun und Action manchmal zu viel. Zwar besucht er verschiedene Veranstaltungen, um den Anschluss nicht zu verpassen, doch er freut sich jedes Mal, wenn er einen Gesprächspartner findet, der nicht nur über diesen oberflächlichen Einheitsbrei redet: welches Lokal, welcher Urlaubsort, welche Klamotten gerade in sind. Trotzdem fühlt Paul sich von diesem Publikum angezogen. Es gibt ihm das gute Gefühl dazuzugehören; dennoch freut er sich inzwischen mehr, wenn er auf einen interessanten Gesprächspartner trifft. Dann ist auch dieser Abend gerettet.

Fast-Food-Gespräche versus tiefere Gespräche

Wären das die einzigen Interessen Pauls, würde er das Leben sehr einseitig finden. Aber Paul hat ein paar gute Freunde, mit denen er über alles, was ihn wirklich bewegt, sprechen kann. Da wird die letzte langwierige Krankheit nicht einfach nur abgetan und ist beim nächsten Treffen kein Wort mehr wert. Gemeinsame Aktivitäten bieten einen Kontrapunkt zu den Fast-Food-Gesprächen in den angesagten Clubs. Es sind nur eine Hand voll Freunde, aber für Paul sind sie unentbehrlich. Sie geben ihm Geborgenheit, Zuversicht, sprechen ihm Mut zu oder hören einfach nur zu. Mit ihnen kann er sich über seine Ziele im Beruf und die Gestaltung des Lebens unterhalten. Wie ist das bei Ihnen? Wer sind Ihre engen Freunde? Wie erleben Sie solche Fast-Food-Gespräche? Was können Sie Positives für sich herausziehen?

Der Traum vom optimalen Leben

Bedürfnisse ähneln sich

Wenn ich Menschen frage, was ihnen wichtig ist, dann nennen sie meist spontan: Harmonie, Gesundheit, Zufriedenheit, genügend Geld, ein interessanter Beruf, gute Freunde und eine glückliche Familie. Die Bedürfnisse gleichen sich, nur die Reihenfolge ist unterschiedlich. Bei manchen steht Geld an erster Stelle, bei anderen Familie oder Erfolg im Beruf. Das macht uns ja gerade zu Individuen, dass wir nicht alle dasselbe Ziel anstreben, sondern jeder Einzelne seine ganz eigenen Bedürfnisse und Wünsche hat. Finden Sie in der nachfolgenden Übung heraus, welche Wünsche und Bedürfnisse Sie haben.

Wohin soll Ihre Reise gehen?

Für diese Übung empfehle ich Ihnen, sich einen ruhigen Ort zu suchen. Schließen Sie zunächst die Augen und atmen Sie tief durch. Konzentrieren Sie sich auf Ihren Atem und lassen Sie alle Gedanken los. Packen Sie Sorgen und Bedenken einfach in eine Seifenblase und lassen Sie sie davonfliegen. Denken Sie nicht lange über die Antworten nach. Notieren Sie, was Ihnen spontan einfällt. Lassen Sie die Informationen aus Ihrem Unbewussten zu und zensieren Sie Ihre Ideen nicht.

Fragen Sie sich: Was sind meine Wünsche? Was habe ich für Träume? Welche Visionen habe ich von meinem Leben?

Wo sehe ich mich in 5, 10, 20 und mehr Jahren? Was habe ich bis dahin erreicht?

Wenn ich einmal »abtreten« muss, worauf möchte ich dann zurückblicken? Was möchte ich hinterlassen? Worauf möchte ich stolz sein?

Mit dieser Übung haben Sie eine erste Vorausschau auf Ihr künftiges Leben vollzogen. Mit der nachfolgenden Übung können Sie nun Ihre Ziele und Wünsche in verschiedenen Lebensbereichen konkretisieren.

Meine Vision für die Zukunft

Wie sieht Ihre Vision für die Zukunft aus? Wie wollen Sie leben, was wollen Sie erreichen? Stellen Sie sich vor, Sie sind dort angekommen, Sie haben das geschafft, was Sie sich immer gewünscht haben. Was ist das konkret? Beschreiben Sie Ihre Ziele.
Gönnen Sie sich genügend Zeit und Ruhe für diese Aufgabe. Schreiben Sie alles auf.

Wie stelle ich mir meine ideale Zukunft vor?

____

____

Was bin ich dann für ein Mensch? Welches Selbstbild möchte ich von mir haben? Welche Eigenschaften und Fähigkeiten hätte ich gerne?

____

____

Welche Werte wären für mich von großer Bedeutung? Wie würde ich diese leben?

Was ist meine ideale berufliche Situation? Welche meiner Fähigkeiten und Eigenschaften kann ich dabei einsetzen? Was ist der Sinn meiner Arbeit? Was möchte ich damit erreichen?

Welche Beziehungen wünsche ich mir? Wie sollen diese aussehen? Wer ist mir wichtig? Familie, Freunde, Geschäftspartner, andere Menschen …?

Welchen persönlichen Interessen möchte ich nachgehen? Was möchte ich in meiner Freizeit tun? Lesen, reisen, kulturelle Angebote nutzen, Sprachen lernen, mich weiterentwickeln, kreativ sein …

Wie stelle ich mir meine Gesundheit vor? Wie fit will ich sein? Was will ich dafür tun? Sport, Ernährung, Entspannung …

Welche materiellen Güter und Dinge möchte ich besitzen?

In welcher Gegend und Umgebung möchte ich leben? Wie soll das aussehen?

Was möchte ich für die Gemeinschaft tun? Wie will ich in der Gesellschaft mitwirken?

____

____

Was gibt es sonst noch, das ich gerne erreichen möchte? Was ist mir noch besonders wichtig?

____

____

Zeitliches Raster

Nachdem Sie die einzelnen Punkte für sich aufgeschrieben haben, erstellen Sie eine Liste mit kurz-, mittel- und langfristigen Zielen. Legen Sie fest, was konkret Sie bis wann erreicht haben wollen.

Kurzfristig (bis 1 Jahr)	**Mittelfristig (bis 5 Jahre)**	**Langfristig (bis 10 Jahre und mehr)**
Englischkurs	*Karrieresprung als …*	*Eigene Wohnung Stadt/im Grünen*
Wohnung streichen	*Neues Auto*	*Familie mit Kindern*
Rhetorikkurs	*Gehalt Euro ….*	*Führungsposition*
Selbstsicheres Auftreten	*Partnerschaft*	*Persönliche Entwicklung*
Neue Kontakte privat	*Persönliche Entwicklung*	
Neue Kontakte beruflich		

Themenauswahl

Wahrscheinlich haben Sie eine ganze Menge Ziele gefunden. Versuchen Sie nun nicht, alle auf einmal anzustreben. Finden Sie heraus, was wichtig ist, was vielleicht am schnellsten geht oder wo Konflikte und Schwierigkeiten zu erwarten sind.

Die nachfolgenden Fragen sollen Ihnen als Hilfe für Ihre Auswahl dienen.
Was muss ich am dringendsten ändern? Was brennt mir unter den Nägeln?

Welches Ziel liegt mir ganz besonders am Herzen?

Was könnte ich am schnellsten verändern?

Bei welchem Ziel sind die meisten Schwierigkeiten oder Konflikte zu erwarten?

Welches Ziel benötigt die meiste Energie?

Was würde mir am meisten Spaß machen?

Wo muss ich mit einem Misserfolg rechnen?

Wer kann mich wobei unterstützen?

Entscheiden Sie sich nun für Ihre Ziele und steigen Sie danach in die Detailplanung ein.

Aktivitäten und zeitliche Planung einzelner Ziele

Nachdem Sie diese Liste erstellt haben, beginnen Sie, für jedes Thema zu notieren, was Sie wann und wie dafür tun müssen. Wann wollen Sie mit den einzelnen Themen beginnen, welche Meilensteine gibt es, was müssen Sie im Einzelnen dafür tun? Die nachfolgenden Fragen können Ihnen weiterhelfen.

In welchem Bereich möchte ich etwas verändern? Beruf, soziale Beziehungen, Gesundheit, Lebenssinn/Lebenskonzept?

____

____

Was genau soll anders sein?

____

____

Was motiviert mich, das zu ändern?

____

____

Was genau möchte ich erreichen? Welches Ziel? Was, bis wann, mit wem, wie? In welchem Kontext?

____

____

Woran genau erkenne ich, dass ich mein Ziel erreicht habe?

____

____

Was bedeutet es für mich, dieses Ziel zu erreichen?

____

____

Was bin ich bereit, dafür loszulassen, zu geben, einzusetzen?

____

Welche einzelnen Schritte sind zu tun? Was genau, wie genau, mit wem und wann?

Welche Hindernisse erwarte ich?

Wie löse oder überwinde ich diese Hindernisse?

Welche neuen Möglichkeiten und Perspektiven gibt mir das Erreichen meines Zieles?

Wer außer mir profitiert sonst noch vom Erreichen meines Zieles? Was haben andere davon?

Diese Übung können Sie für alle Ziele als Raster benutzen. Das können sowohl materielle Ziele sein als auch Verhaltensänderungen.

Lebensphilosophie und Werte

Glückskind …

Mit weiten Schritten und wehendem Mantel schreitet Friedbert durch das Foyer des Luxushotels. Kerzengerade, mit offenem, freundlichem Blick nennt er dem Rezeptionisten seinen Namen. Seine Stimme ist klar und deutlich. Sein Auftreten und seine Stimme flößen augenblicklich Respekt ein. Friedbert hat sich über einen Freund ein Zimmer reservieren lassen. Dank seiner Beziehungen bekommt er das Zimmer zum Nulltarif. Friedbert ist ein Glückskind, wenn es darum geht, hohe Qualität zu einem geringen Preis zu erhalten. Nicht selten gelingt es ihm, erster Klasse zu fliegen, ohne Aufpreis zu zahlen.

Friedbert hatte nicht immer die Lebensphilosophie »Für mich nur das Beste«. Er ist in kleinbürgerlichen Verhältnissen aufgewachsen und wurde von seinen Eltern kaum gefördert. In einer Phase der Rebellion entwickelte Friedbert den Ehrgeiz, aus der Kleinbürgeridylle der Familie auszubrechen. Er wollte die Welt kennen lernen, und er wollte etwas darstellen. Ihn sollte man nicht übersehen können – Friedbert wollte bewundert werden. Also lernte er in seiner Schulzeit ein Fremdwörterbuch auswendig. In vielen Sätzen bringt er heute ganz nonchalant diese Wörter unter.

… oder positive Einstellung

Durch seine ausgefeilte Sprache, sein Interesse an vielen Dingen und seine Fähigkeit, sich schnell auf einen Menschen oder ein Thema einzustellen, ist Friedbert auf der Karriereleiter schnell vorangekommen. Außerdem ist er ein Kontaktkünstler. Egal wen er kennen lernt, er schreibt sich immer Adresse und Telefonnummer auf. Das hat den Vorteil, dass Friedbert, sollte er einmal Hilfe benötigen, überall auf der Welt einen »Notnagel« besitzt, der ihm weiterhilft. Auch aus Niederlagen zieht Friedbert Positives, indem er analysiert, was er hätte anders machen können, und sich eine neue Strategie für ähnliche Situationen ausdenkt. Seine innere Haltung »Für mich nur das Beste« dient ihm in allen Situationen als Richtschnur. Sein Blick und seine Aufmerksamkeit liegen auf dem, was machbar und was für ihn gewinnbringend ist:

- Was ist das Positive an dieser Situation?
- Welche Elemente sind hilfreich und bringen mich weiter?

- Was kann ich aus dieser Situation lernen?
- Was ist das Schöne und Gute, das ich hier erleben und genießen darf?

Das sind nur einige Fragen, die sich Friedbert in den unterschiedlichsten Situationen täglich stellt. Nur so kann er aus den Ereignissen das herausfiltern, was für ihn gut ist und was ihm hilft. Vor allem ist er aber in der Lage, das Erreichte zu genießen, und er lässt auch gerne andere daran teilhaben. Friedbert fördert seine Mitarbeiter, Partner und Freunde in gleichem Maße wie sich selbst.

Den Erfolg und das Schöne mit anderen teilen

Die eigene Lebensphilosophie finden

Fragt man Menschen nach ihrer Lebensphilosophie, müssen die meisten zunächst einmal nachdenken. Das ist nur zu verständlich, denn diese Frage wird einem schließlich nicht jeden Tag gestellt. Und die meisten Menschen beschäftigen sich nur selten damit. Nach einer kurzen Weile des Nachdenkens finden sie dann doch Antworten: »Ich möchte gut leben«, sagt einer. »Mir ist es wichtig, dass ich gesund bleibe«, sagt ein anderer. Für einen Familienvater ist es wichtig, dass die »Familie gut abgesichert ist und die Kinder eine gute Ausbildung erhalten«. Versucht man jedoch herauszufinden, was sie ganz konkret im Alltag tun, um diese Ziele zu erreichen, kommt meist folgende Antwort: »Leider mache ich viel zu wenig.« Die meisten Menschen sind zwar immer beschäftigt und arbeiten viel, aber das Wesentliche kommt oft zu kurz. An erster Stelle wird die fehlende Zeit als Hinderungsgrund genannt. Aber die Zeit kann nun wirklich nichts dafür, wenn man sich nicht mit seinen Lebenszielen auseinander setzt.

Der Leitsatz fürs Leben

Mögliche Leitsätze sind:

»Ein ehrliches Leben führen.«
»Meine Freiheit behalten.«
»Für die Gemeinschaft da sein.«
»Herausforderungen suchen.«
»Schwächeren helfen.«

Notieren Sie Ihren eigenen, ganz persönlichen Leitsatz:

Was aber bedeutet »Lebensphilosophie«, was wird darunter verstanden? »Philosophie« bedeutet ursprünglich »Suche nach Weisheit«. Im täglichen Leben versteht man darunter die Suche nach einem tieferen Sinn des Lebens, die Hinterfragung des Seins. Die Erörterung des Seins jedoch ist sehr komplex und darum Gegenstand tausender philosophischer Bücher.

Sei authentisch

»Sein« bedeutet Lebendigkeit und einen authentischen Bezug zur Welt. Ich bin authentisch, wenn ich ich selbst bin. Das heißt: Ich lebe meine Werte, es gibt für mich keinen Grund, mich zu verstellen. Ich stehe hinter dem, was ich sage und was ich tue. Eine wahre Persönlichkeit wirkt durch ihre Authentizität.

Mehr Sein als Schein

Das Gegenteil davon ist der Schein. Das bedeutet, man zeigt sich nach außen hin ganz anders, als man wirklich ist. Manche Menschen verstellen sich, um als jemand Besonderes angesehen zu werden. Das heißt oft, dass sie sich so, wie sie wirklich sind, nicht akzeptieren. Sie möchten ihre wahre Person verheimlichen, weil sie ihnen nicht gut genug erscheint. Unabhängig davon, dass man so anderen etwas vorgaukelt, betrügt man sich damit auch selbst – und man beraubt sich seiner Entwicklungsmöglichkeiten.

Ehrlich zu uns selbst

Zu einem authentischen Sein und damit zu einer Persönlichkeit reifen wir nur, wenn wir uns mit unserem Sein – mit dem, wie wir im Leben stehen und was wir im Leben wirklich wollen – auseinander setzen. Indem wir aufhören, uns zu belügen, und anfangen, ehrlich zu uns selbst zu sein, beginnen wir zu wachsen. Das bedeutet, wir müssen uns bewusst machen, woran wir uns im Leben orientieren, indem wir unsere Werte und Einstellungen überprüfen.

Unsere inneren Werte

Werte sind die Grundlage unseres Handelns

Unserer Lebensphilosophie liegt unser inneres Werteensemble zu Grunde. Werte sind von uns geschaffene oder übernommene Normen, an denen wir unser Denken und Handeln orientieren. Diese Grundwerte durchziehen wie ein roter Faden alle unsere Lebensbereiche.

Werte sind zum Beispiel:

Ehrlichkeit	Gemeinschaft	Macht
Offenheit	Herausforderung	Vertrauen
Gesundheit	Leistung	Zärtlichkeit
Wohlstand	Kreativität	Treue
Unabhängigkeit	Klarheit	Lebendigkeit
Freiheit	Anerkennung	Menschlichkeit
Sicherheit	Pünktlichkeit	Lebensfreude
Erfolg	Toleranz	Ordnung
Nähe	Respekt	Abenteuer
Distanz	Zusammensein	Geborgenheit

Werte entstehen früh

Werte entwickeln sich schon im Kindesalter. Kinder orientieren sich an den Handlungen und Einstellungen der Erwachsenen. Das, was die Erwachsenen vormachen, wird erst einmal übernommen. Finden diese Verhaltensweisen die Bestätigung durch andere, dann übernehmen Kinder diese Haltung. Sie beginnen langsam, aus ihren Werten heraus ihre Lebensphilosophie zu entwickeln: Was ist mir wichtig? Wie will ich sein? Was ist richtig, was falsch? Was ist gut, was ist schlecht?

Unternehmen und ihre Werte

Auch Unternehmen entwickeln Philosophien. Diese zielen darauf, die Mitarbeiter auf die Visionen des Unternehmens einzuschwören. Alle sollen an einem Strang ziehen, damit das Unternehmen floriert. Unternehmensleitsätze werden entwickelt, damit die Mitarbeiter sich daran orientieren und sie nach außen tragen. Je mehr Mitarbeiter diese Philosophie auch tatsächlich leben, umso erfolgreicher ist dieses Unternehmen. Voraussetzung ist jedoch, dass die vermittelten Werte auch denen der Mitarbeiter entsprechen. Denn je besser sich die einzelnen Arbeitnehmer mit der Unternehmensphilosophie identifizieren können, umso selbstverständlicher werden die Werte von den Mitarbeitern gelebt.

Sich seiner Werte bewusst sein

In einer Atmosphäre, wo Arbeitnehmern eine große Entscheidungsfreiheit zugebilligt wird, fühlen sich diejenigen wohl, für die Selbstbestimmung eine hohe Bedeutung besitzt. Wer sich hingegen vor Entscheidungen scheut, wird hier eher unglücklich werden. Und derjenige, für den Ehrlichkeit sehr wichtig ist, wird sich mit einem Unternehmen, das bewusst manipuliert, nicht identifizieren können.

Werteverstöße

Angesichts der aktuellen Wirtschaftslage, in der die Angst vor Arbeitsplatzverlust einem häufig im Nacken sitzt, muss man manchmal vielleicht Kompromisse machen. In wirtschaftlich unbedenklichen Zeiten würde man einen Verstoß gegen das eigene Wertesystem nicht hinnehmen, aber in einer schwierigen Situation scheint es manchmal besser, darüber hinwegzusehen.

Werte verändern sich

Wir können aber auch erkennen, dass Werte sich in unserer Prioritätenliste verschieben. Das passiert nicht nur in extremen Situationen, sondern Verschiebungen ergeben sich ebenso aus der Veränderung unserer Lebensphasen. Das bedeutet, dass wir unsere Werte in jeder dieser Lebensphasen und auch in besonderen Situationen neu überdenken müssen.

Die eigenen Werte erkennen

Mit dieser Übung können Sie Ihre eigenen Werte herausfinden. Dafür brauchen Sie ein wenig Zeit. Nehmen Sie ein paar Blätter Papier sowie einen Stift zur Hand und schreiben Sie als Erstes – jeweils auf einem separaten Blatt – dick und fett die Bereiche auf, die Ihnen in Ihrem Leben wichtig sind, zum Beispiel: Privatleben, Beruf und Arbeit, Familie, Beziehungen (nicht verallgemeinern, sondern konkret benennen: Partner, Chef, Kollegen, Freunde, geschäftliche Kontakte ...), Freundschaften.

Schritt 1: Werte finden

Suchen Sie sich einen Platz, an dem Sie ungestört sind, und nehmen Sie sich eine dreiviertel Stunde Zeit, um darüber nachzudenken, welche Werte Sie in den verschiedenen Bereichen leiten. Schreiben Sie diese Werte anschließend jeweils auf die Rückseite des entsprechenden DIN-A4-Blattes.
Stellen Sie sich als Denkanstoß folgende Fragen:

- Was ist für mich das Wichtigste an ... (Setzen Sie hier jeweils den entsprechenden Bereich ein: Privatleben, Beziehungen, Arbeit ...)

- Was ist mir noch wichtig an …?

Finden Sie mindestens sechs Werte, die Ihnen in dem jeweiligen Bereich wichtig sind.
Das kann zum Beispiel so aussehen:

Was ist für mich das Wichtigste an meiner Arbeit?

- Entscheidungsfreiheit

Was ist mir noch wichtig an meiner Arbeit?

- gutes Gehalt
- Teamarbeit
- Führung
- Macht
- Erfolg
- Anerkennung

Schritt 2: Prioritäten ermitteln

Wenn Sie die Werte, die Ihnen im jeweiligen Bereich wichtig sind, notiert haben, beginnen Sie mit der nächsten Aufgabe: der Bestimmung Ihrer Prioritäten in den einzelnen Bereichen. Nehmen wir wieder das vorige Beispiel: Werte im Bereich Arbeit. Vergleichen Sie jeden einzelnen Wert miteinander. Dieser Prozess ist zwar etwas aufwändig, aber es lohnt sich. Sie werden überrascht vom letztendlichen Ergebnis sein – das unterscheidet sich oft bedeutend von dem, was man erwartet hatte.
Fangen Sie mit dem zuerst genannten Wert an. In unserem Beispiel ist es »Entscheidungsfreiheit«. Dessen Bedeutung für Sie vergleichen Sie mit dem nachfolgenden Wert auf Ihrer Liste, in unserem Beispiel »gutes Gehalt«. Fragen Sie sich, was Ihnen wichtiger ist: Wenn Sie wählen müssen zwischen mehr Entscheidungsfreiheit in Ihrem Beruf oder mehr Gehalt – wofür würden Sie sich entscheiden? Machen Sie einen Strich hinter dem Wert, den Sie wählen.

Vergleichen Sie nun die Bedeutung Ihres erstgenannten Wertes mit dem an dritter Stelle Ihrer Liste – in unserem Beispiel: »Entscheidungsfreiheit« und »Teamarbeit«. Wenn Sie die Wahl hätten: Wovon wollten Sie mehr? Machen Sie einen Strich oder ein Kreuz hinter dem gewählten Wert.
Verfahren Sie so weiter, bis Sie Ihren zuerst genannten Wert mit allen anderen Werten verglichen haben.
In unserem Beispiel könnte folgendes Zwischenergebnis herauskommen:

- Entscheidungsfreiheit xx
- gutes Gehalt x
- Teamarbeit x
- Führung x
- Macht x
- Erfolg x
- Anerkennung x

Vergleichen Sie nun diejenigen Werte, die Sie gleich häufig gewählt haben. In unserem Fall also Gehalt, Teamarbeit, Führung und Erfolg. Verfahren Sie genauso wie zuvor: Wenn Sie die Wahl hätten zwischen einem guten Gehalt und mehr Teamarbeit, wofür würden Sie sich entscheiden? Markieren Sie Ihre Präferenz wieder mit einem Strich.
Vergleichen Sie alle Werte so lange miteinander, bis Sie eine eindeutige Prioritätenliste erstellen können.
In unserem Beispiel könnte die Liste so aussehen:
Was ist für mich im Bereich Beruf wichtig, welcher Wert rangiert an erster Stelle, welcher liegt im Mittelfeld, welcher am Ende der Skala?

- Entscheidungsfreiheit
- gutes Gehalt
- Führung
- Macht
- Teamarbeit
- Erfolg
- Anerkennung

Nach diesen Prioritäten treffen wir bei unserer Arbeit Entscheidungen. Bewerben wir uns um einen neuen Arbeitsplatz, werden wir unbewusst diese Liste abarbeiten. Je klarer wir uns jedoch im Vorfeld über unsere Werte sind, umso konkreter können wir beim Bewerbungsgespräch unsere Fragen formulieren und herausfinden, ob dieser Job unseren Wertvorstellungen nahe kommt. Wer eine hohe Entscheidungsfreiheit auf den obersten Rängen seiner Prioritätenliste hat, der wird in einem Job, der ihm wenig Freiraum bietet, unzufrieden und unglücklich werden.

Prioritäten unserer Werte

Vor jedem Arbeitsplatzwechsel, aber auch in den verschiedenen Lebensphasen sollte man sich immer wieder einmal die Mühe machen, seine Prioritätenliste neu zu erstellen und zu sortieren. Das hilft, Fehlentscheidungen zu minimieren oder gar zu verhindern.

Bei Veränderungen Werte prüfen

Sich selbst verwirklichen

Selbstverwirklichung – das ist ein oft gebrauchtes Schlagwort, aber was bedeutet es eigentlich? Heißt mich selbst verwirklichen, dass ich von heute an nur noch das tue, was ich will? Vor Jahren traf ich einen Geschäftsführer, der mir auf die Frage, was er unter Selbstverwirklichung verstehe, Folgendes antwortete: »Zuerst komme ich, dann komme wieder ich, dann kommt eine ganze Weile gar nichts, dann kommt meine Familie.« Egoist, dachte ich. Wie kann man nur so selbstherrlich sein. Trotzdem übte diese Aussage eine gewisse Faszination auf mich aus, und ich habe immer wieder über sie nachgedacht.

Sich seiner Stärken bewusst werden

Was auch immer dieser Geschäftsführer damals gemeint hat – für mich haben seine Worte einen bestimmten Sinn bekommen. Schon in der Bibel steht: »Liebe deinen Nächsten wie dich selbst.« Das bedeutet, bevor ich meinen Nächsten lieben kann, muss ich in der Lage sein, mich selbst zu lieben. Das fällt den meisten schwer. Sich selbst zu lieben heißt, sich selbst so annehmen, wie man ist, mit all seinen Stärken und Schwächen. Ich kenne keinen, der das wirklich schafft. Die meisten sehen vor allem die eigenen Fehler. Könnte es uns nicht bereichern, wenn wir uns überhaupt erst mal unserer Stärken bewusst wären und wir uns mehr auf unsere positiven Seiten konzentrieren würden?

Sich selbst lieben und akzeptieren

Wenn ich mir den heutigen Schönheitswahn betrachte, so scheint die Unzufriedenheit mit dem Selbst sogar noch dramatisch anzusteigen. Die plastische Chirurgie ist so weit entwickelt, dass sich jeder seine Idealfigur zurechtoperieren lassen kann; etwas weniger Fettpölsterchen hier, etwas mehr durch Silikon dort. Sicherlich sind Schönheitsoperationen in manchen Fällen sinnvoll – wenn es um starke körperliche Entstellungen geht. Aber die meisten Menschen würden sich allein schon dadurch schöner und zufriedener fühlen, dass sie sich selbst akzeptierten.

Zeit für sich selbst einplanen

Zeit zum Nachdenken

»Hätte ich nur genügend Geld, dann könnte ich mich endlich selbst verwirklichen«, seufzt so mancher. Sind tatsächlich mangelnde Zeit und zu wenig Geld der wahre Grund, warum wir das nicht schaffen? Oder sind das nur Ausreden, um etwas oder jemanden zu finden, den wir für unser Misslingen verantwortlich machen können? Es ist sicher nicht die Zeit, die unsere Selbstverwirklichung verhindert. Jeder Mensch hat 24 Stunden am Tag zur Verfügung. Der eine schafft in dieser Zeit mehr, der andere weniger. Ist es nicht eher eine Frage der Prioritäten? Ist es nicht so, dass, wenn mir etwas *wirklich* wichtig ist, ich dann auch die Zeit dafür *finde?*

Die Aufmerksamkeit auf das richten, was man gerade hat

Der wirkliche Hinderungsgrund ist oftmals nicht Zeit oder Geld, sondern vielmehr die mangelnde Entscheidungsfähigkeit des Einzelnen. Wer die Wahl hat zwischen A *oder* B, muss sich entweder für das eine oder für das andere entscheiden. Die meisten aber wollen A *und* B. Und das funktioniert nur sehr, sehr selten. Natürlich kann man drei Dinge auf einmal tun. Man kann essen, dabei fernsehen und sich gleichzeitig mit jemandem unterhalten. Aber wenn ich gerade fernsehe, fällt mir nicht auf, was ich esse oder was der andere mir erzählt. Und wenn ich mich auf das Essen konzentriere, bekomme ich vom Fernsehen nichts mit und nehme auch meinen Gesprächspartner nicht wahr.

Wir können uns nur auf eine Sache konzentrieren. Konzentration bedeutet, alle Gedanken, das heißt die ungeteilte Aufmerksamkeit auf etwas zu richten. Wir können nicht an zwei Stellen gleichzeitig sein. Wenn wir unsere Aufmerksamkeit teilen, ist das letztendlich unbefriedigend.

Sich auf das Wichtige konzentrieren

Zum Beispiel während des Telefonierens etwas am Computer schreiben. Meistens kommt nichts dabei heraus: Ihr Gesprächspartner ist verärgert, weil Sie nicht richtig zuhören und immer wieder nachfragen müssen, und auf Ihrem Bildschirm fabrizieren Sie nur Kauderwelsch. Die volle Konzentration erreichen wir nur, wenn wir uns für eine Sache entscheiden.

Wir müssen uns immer entscheiden

Was will ich, was ist mir wichtig?

Täglich müssen wir eine Auswahl treffen unter den unterschiedlichsten Dingen. Wir müssen uns entscheiden: für die eine oder für die andere Partei; für den einen oder den anderen Job; für den einen oder den anderen Partner. Tritt man einen neuen Job an, entscheidet man sich fast unbewusst dafür, sich in der ersten Zeit beruflich mehr zu engagieren. Die Zeit für die Einarbeitung muss eingeplant werden. Man kommt abends geschafft nach Hause und kann nicht mehr viel wahrnehmen, weil man einfach viel zu müde dazu ist. Es bleibt einem also nichts anderes übrig, als Prioritäten zu setzen und sich auf das Wesentliche zu konzentrieren. Wird das versäumt, dann kann man sich sicher sein, innerhalb kürzester Zeit vom Stress aufgefressen zu werden. Dem folgen eine immer stärker werdende Unzufriedenheit und Motivationsverlust. Wer sich nicht in dieses Hamsterrad hineinmanövrieren will, muss Vorsorge treffen und sich über das Machbare im Klaren sein. Das bedeutet auch: Ich muss verzichten können. Ich muss wissen, was mir wirklich wichtig ist, und mich darauf konzentrieren. Alles nicht so Wichtige sollte ich zunächst beiseite legen.

Den Diamanten zum Strahlen bringen

Persönlichkeit entwickeln

Zur Persönlichkeit reifen wir, indem wir an unseren Einstellungen, Werten und Zielen arbeiten; indem wir auf das zurückblicken, was uns vorangebracht hat, und nach vorne blicken auf das, was wir wollen.

- **Machen Sie sich bewusst, was Sie im Leben – sowohl beruflich als auch privat – erreichen wollen.** Filtern Sie die Wünsche aus, die nicht von Ihnen stammen. Verschaffen Sie sich Klarheit über Ihre eigenen Bedürfnisse und Vorstellungen. Machen Sie mindestens einmal im Jahr eine Bestandsaufnahme Ihres Lebens. Wo stehen Sie gerade und wo wollen Sie hin?
- **Bleiben Sie realistisch. Ihre Ziele müssen erreichbar sein.** Natürlich können Sie Ihre Vision hoch aufhängen, aber machen Sie sich auch klar, dass Sie dafür etwas investieren müssen. Sind Sie für diesen Einsatz bereit, dann werden Sie auch Erfolg haben.
- **Nehmen Sie sich nicht zu viel auf einmal vor.** Man kann nicht gleichzeitig 20 Ziele anstreben. Erstellen Sie eine Prioritätenliste mit einem konkreten Zeitrahmen. Dann erreichen Sie auch die einzelnen Ziele.
- **Werden Sie toleranter sich selbst und anderen gegenüber.** Loben Sie sich selbst öfter und finden Sie in anderen Menschen

die positiven Seiten. Das entspannt und macht aufnahmebereiter.

- **Versetzen Sie sich in andere Menschen hinein.** Versuchen Sie, den Standpunkt des anderen nachzuvollziehen. Was meint er konkret? So werden Missverständnisse ausgeräumt.
- **Finden Sie heraus, was Sie aus Niederlagen lernen können.** Nutzen Sie Misserfolge, um dazuzulernen. Bei einer ähnlichen Situation wissen Sie dann, worauf es ankommt.
- **Bauen Sie gute Beziehungen auf und pflegen Sie diese.** Halten Sie Kontakt zu Menschen, die Ihnen wohl gesonnen sind und mit denen Sie sich gut verstehen. Sie wissen nie, wann und wozu Sie diese einmal brauchen können. Lösen Sie sich aber auch von Beziehungen, die Ihnen nichts bringen.
- **Sagen Sie klar, was Sie sich wünschen oder was Sie brauchen.** Fordern Sie Unterstützung von anderen ein und nehmen Sie diese auch an. Nur so können andere Ihnen helfen.
- **Nehmen Sie sich öfter Zeit, um über Ihre Wünsche und Bedürfnisse nachzudenken.** Reservieren Sie feste Zeiten, in denen Sie über Ihre Lebensplanung nachdenken. So werden *Sie* der Kapitän Ihres Schiffes.
- **Betrachten Sie Probleme als Herausforderungen.** Hindernisse sind dazu da, überwunden zu werden.
- **Lassen Sie sich nicht entmutigen.** Wenn Sie auf Hindernisse stoßen, denken Sie über die Situation nach und handeln Sie dann. Bleiben Sie dran, wenn es nutzt, und lassen Sie los, wenn Sie nicht weiterkommen.

Frauen, ihre Werte und Fähigkeiten

Nicht das Licht unter den Scheffel stellen

Weil ich auch viel mit Frauen arbeite, möchte ich diesen Abschnitt speziell an sie richten. Gerade für Frauen ist es wichtig, dass sie sich auf ihre Fähigkeiten und Möglichkeiten konzentrieren und realistisch betrachten, wozu sie fähig sind. Frauen neigen dazu, ihr Licht unter den Scheffel zu stellen, und bleiben aus Angst, Bequemlichkeit oder Unwissenheit in einer passiven Warteschleife. Sie trauen sich oft viel zu wenig zu und bleiben in ihrer Haltung nicht selten unklar, haben Scheu, sich mit ihren Wünschen und Bedürfnissen auseinander zu setzen.

Besondere Fähigkeiten

Dabei entwickeln gerade Frauen – und auch Frauen mit Kindern – Fähigkeiten, die sie im Job hervorragend einsetzen können, zum Beispiel das Bewusstsein für Verantwortung, optimales Zeitmanagement, die Fähigkeit, sich mit Konflikten auseinander zu setzen, Teamorientierung, die Flexibilität, Neues zu lernen, andere Perspektiven einzunehmen, sich in einen anderen hineinzuversetzen, mit anderen zu kooperieren und – zu guter Letzt – all diese positiven Fähigkeiten zu koordinieren.

Alte Zöpfe abschneiden

Lebenswege und Ideale von Frauen haben sich in den letzten Jahrzehnten stark verändert. Leider hat das Umfeld dabei oft nicht Schritt gehalten, sodass viele Frauen immer noch für ihre Interessen kämpfen müssen. Trotz Emanzipation erlebe ich viele Frauen – auch hoch qualifizierte –, die sich immer noch in eine Nebenrolle hineindrängen lassen. Es scheint ziemlich lange zu dauern, bis die alten Zöpfe abgeschnitten sind.

Die Zukunft planen

Wir dürfen uns davon nicht entmutigen und vor allem nicht in unserer Zukunftsplanung behindern lassen. Nur durch durchdachte Planung können wir in der Gegenwart die richtigen Entscheidungen treffen: Will ich Karriere machen? Will ich Familie und Kinder? Wie möchte ich, wie kann ich das verbinden? Kann ich nach einer Erziehungspause wieder in meinen Beruf einsteigen? Wie kann mich mein Partner dabei unterstützen?

Frauen müssen mehr für sich werben

Frauen sind nicht weniger kompetent als Männer. Aber: Die meisten Frauen *verkaufen* sich schlechter als Männer. Das Problem liegt darin, dass Frauen oft ihre eigenen Fähigkeiten selbst viel zu wenig schätzen. Wenn ich in meinen Seminaren die Teilnehmerinnen bitte, ihre Fähigkeiten aufzuschreiben, stehen viele vor einem Problem. Mehr als drei Dinge fallen den meisten nicht ein. Weise ich sie dann auf Kompetenzen hin, die mir an ihnen aufgefallen sind, antworten viele: »Das ist doch nichts Besonderes!« Auf der anderen Seite stehen Männer, die mit viel Aufheben Werbung für sich machen – und das mit Erfolg!

Viele Frauen scheuen sich nicht nur, sondern finden es auch unangemessen, sich selbst in den Mittelpunkt zu stellen und ihre Fähigkeiten nach außen hin zu zeigen. Viele haben quasi einen Kritiker auf der Schulter sitzen, der sich sofort einschaltet, wenn ein Lob oder Anerkennung droht. Bloß schnell alles herunterspielen und die Situation als Selbstverständlichkeit darstellen. Auf einem Psychologenkongress erläuterte ein Professor in seinem

Vortrag: »Männer haben auf ihrer Schulter eine tolle, schöne Frau sitzen, die ihnen den ganzen Tag erzählt, wie fantastisch und wie fähig sie sind.« Eine Teilnehmerin des Kongresses ergänzte spontan: »Frauen haben auf ihrer Schulter jemanden sitzen, der sagt ständig: Du bist nicht gut genug, du kannst das nicht, halte dich zurück.«

Die Stimme im Hintergrund: Du bist gut!

Diese Einschätzungen finde ich in der Praxis oftmals bestätigt. Wir Frauen müssen lernen, uns für unsere Ziele und Wünsche einzusetzen und die Verantwortung für das eigene Leben zu übernehmen. Tauschen Sie also besagten Kritiker aus, setzen Sie sich einen tollen Typen auf die Schulter, der Ihnen sagt, wie gut Sie sind.

Mentale Muster und Einstellungen

Eine positive Grundeinstellung erleichtert den Weg zum ganz persönlichen Erfolg. Mir fällt dazu eine triviale Begebenheit ein, die Sie vielleicht so oder ähnlich auch schon erlebt haben.

Als ich mich vor vielen Jahren selbstständig gemacht habe, konnte ich mir in den ersten fünf Jahren keinen Urlaub erlauben. Als aber das Wetter im Winter wieder einmal ganz trübe und regnerisch war, entschied ich mich, nun endlich in Urlaub zu fliegen, am liebsten in die Sonne, irgendwohin, wo es warm ist. Ich bekam ein super Angebot für eine Woche Malediven. Sonne, Meer, Strand und Entspannung pur. Mich erwartete zwar ein langer Flug, aber das nahm ich dafür gern in Kauf.

Vorstellung versus Realität

Nach über neun Stunden landete ich auf den Malediven – und war erst einmal enttäuscht. Der Himmel zeigte sich bewölkt, feuchte Wärme schlug mir entgegen, ich bekam kaum noch Luft. Nix mit Sonne pur. Da entfliehe ich der Dezembertristesse, um Sonne und Energie zu tanken, und komme dabei vom Regen in die Traufe. Aus dem erhofften Badeurlaub, in dem ich am Strand liegen, mich vom Wind streicheln lassen und dem Meeresrauschen lauschen wollte, wurde nichts. Es rauschte zwar, aber das Rauschen wurde von einem starken Wind verursacht, der die ganze Nacht einen langen Palmenzweig gegen das Dach meines Bungalows schlagen ließ. Am zweiten und dritten Tag regnete es. Nein, der Regen war natürlich nicht mit dem unsrigen vergleichbar. Es goss in Strömen. Und ein paar Sekunden im Regen reichten, um bis auf die Haut nass zu werden. Am vierten Tag ließ die Sonne immer noch auf sich warten, beglückte mich aber dann endlich am fünften Reisetag, dem Tag vor meinem Rückflug.

Wenn du eine Sache nicht ändern kannst, dann ändere deine Einstellung

Würden Sie sich über einen solchen Urlaub ärgern? Da fliegen Sie neun Stunden der Sonne entgegen und die lässt sich nicht blicken? Was macht man bei so einem Wetter auf einer Insel, auf der es nichts als Sand, Palmen und kleine Wohnbungalows gibt und die man in einer viertel Stunde mit flottem Schritt umrundet hat? Was sollten wir rund 30 Touristen tun? Wir machten das Beste aus der Situation. Wir sagten uns: *Wenn du eine Sache nicht ändern kannst, dann musst du deine Einstellung ändern.* Und so verbrachten wir gemeinsam schöne und gemütliche Tage unterm Palmblätterdach, lernten uns gegenseitig kennen, führten interessante Gespräche und hatten viel Spaß. Wir stellten zum Beispiel Rekorde auf, wer am trockensten den Weg von seinem Bungalow zum Restaurant zurücklegen konnte. Und mancher nutzte die nasse Situation, um sich zu einem Tauchlehrgang anzumelden. Wenn schon nass, dann gleich richtig.

Bewusst und unbewusst

Gewohnheiten

Vieles, das wir tun, ist uns nicht bewusst. Wir nehmen beispielsweise immer die gleiche Strecke ins Büro, ohne darüber nachzudenken. Meist beschäftigen wir uns in dieser Zeit gedanklich mit etwas anderem. Ist einem eine Strecke vertraut, achtet man nicht mehr auf seine Umgebung. Wir wählen die Route aus Gewohnheit, fahren wie in Trance, weil alles so in Fleisch und Blut übergegangen ist, dass wir es nicht mehr *bewusst* registrieren.

Sich bewusst sein, was man tut

Den Unterschied zwischen bewusst und unbewusst erkläre ich immer damit, dass ich die Teilnehmer darauf hinweise, dass es ihnen im Augenblick nicht bewusst ist, wie sie auf ihrem Stuhl sitzen. Just in diesem Moment richten die Teilnehmer ihre Aufmerksamkeit darauf und nehmen wahr, wie sie gerade sitzen. Wir fahren auch mehr oder weniger unbewusst Auto. Oder überlegen Sie jedes Mal, wenn Sie einsteigen, was Sie nun im Einzelnen tun müssen? Dieser in vielen Situationen richtige und notwendige Automatismus wird gestört, wenn eine Veränderung eintritt. Sie kaufen sich beispielsweise ein neues Auto, bei dem das Radio etwas tiefer angebracht ist als beim letzten Wagen. Außerdem sind die elektrischen Fensterheber jetzt in der Tür und nicht mehr in der Konsole in der Wagenmitte angebracht. In den ersten Tagen werden Sie ganz automatisch die Stellen Ihres alten Wagens anvisieren. Es dauert einige Zeit, bis sich ein neues Bewegungsmuster eingeprägt hat.

Dieses Beispiel ist nur eines von vielen. Gewohnheiten begleiten uns im alltäglichen Leben, ohne dass wir sie wirklich registrieren. Sie fallen uns erst auf, wenn wir sie aus irgendeinem Grund ändern wollen. Erst dann bemerken wir, wie sehr sich unsere Angewohnheiten in unseren Alltag eingeschlichen haben.

Lieb gewonnene Gewohnheiten

Viele Menschen nehmen sich am Ende des Jahres vor, im nächsten Jahr nicht mehr zu rauchen, mehr Sport zu treiben oder dergleichen. Und nur wenige schaffen es tatsächlich, den Vorsatz zu realisieren. Wir sind eben Gewohnheitstiere. Was sich einmal eingeschliffen hat, kann nur durch konsequentes Verhalten wieder verändert werden. Wie schwer uns das fällt, können Sie mit nachfolgender Übung selbst einmal ausprobieren.

Wählen Sie eine oder mehrere der folgenden Aufgaben aus:

- Putzen Sie sich eine Woche lang Ihre Zähne nicht mit der gewohnten, sondern mit der anderen Hand.
- Schenken Sie sich den Kaffee mit der anderen Hand ein.
- Stehen Sie jeden Morgen eine viertel Stunde früher auf.
- Machen Sie einmal am Tag einem Menschen ein Kompliment.
- Betreten Sie Ihr Büro eine Woche lang rückwärts.
- Machen Sie jeden Tag fünf Minuten eine Entspannungsübung.

Vielleicht fallen Ihnen auch noch andere Aufgaben ein, die Sie probieren könnten.

Neue Dinge ausprobieren

Die Aufgabe, sich die Zähne mit der anderen Hand zu putzen, stelle ich oft in meinen Seminaren. Wenn ich dann am nächsten Morgen frage, wer es geschafft hat, gibt es immer Teilnehmer, die diese Aufgabe ganz vergessen haben. Kaum einer schafft es aber, die Zähne nur mit der ungewohnten Hand zu putzen. Die meisten putzen mit der üblichen Hand nach. Genau das ist die Gefahr bei Gewohnheiten. Man will sie zwar ändern, hält aber nicht durch oder glaubt, dass die alten Verhaltensmuster unentbehrlich sind. Gewohnheiten sind so stark in uns verankert, dass wir neben dem festen Willen auch Ausdauer und Disziplin benötigen, damit wir sie ändern können.

Gewohnheiten ändern

Arbeiten Sie die folgenden zehn Schritte ab, indem Sie sich zu jedem einzelnen Notizen machen.

1. Vergegenwärtigen Sie sich eine Situation, in der Sie unangemessen reagieren, oder benennen Sie eine Gewohnheit, die Sie verändern wollen.
2. Wie wirkt sich Ihre Verhaltensweise auf Sie und auf andere aus?
3. Wie würden Sie sich gerne in einer solchen Situation verhalten? Welches Verhalten wäre konstruktiver? Welches Ergebnis möchten Sie mit einem neuen Verhalten erreichen?
4. Woran genau werden Sie erkennen, dass Sie Ihr neues Verhalten integriert haben, es zu einer konstruktiven Gewohnheit geworden ist? An sich? Bei anderen?
5. Finden Sie eine andere Situation, in der Sie ähnlich reagieren, wie Sie es sich wünschen. Wo sind Sie da? Wer ist noch dabei? Was genau geschieht da? Was denken Sie? Was tun Sie? Was sagen Sie? Wie fühlen Sie sich dabei und wo im Körper spüren Sie dieses Gefühl?
6. Bleiben Sie weiter in dieser Situation und beobachten Sie sich selbst. Welche Fähigkeiten und Eigenschaften setzen Sie ein, damit Sie sich so verhalten? Finden Sie heraus, welche Ressourcen das sind, damit Sie diese auf künftige Situationen übertragen können.
7. Gehen Sie dann wieder in die ursprüngliche Situation hinein (1.) Übertragen Sie jetzt Ihre Ressourcen auf diese Situation. Was genau verändert sich dadurch? Was konkret tun Sie, wie hat sich Ihr Verhalten verändert? Welches neue Gefühl entsteht dabei? Wie verändert sich die Gesamtsituation und wie das Ergebnis?
8. Ist das nun das Verhalten, das Sie sich gewünscht haben? Wenn noch etwas fehlt, dann finden Sie noch weitere Ressourcen.
9. Eruieren Sie anschließend, welche Schwierigkeiten auftreten könnten, die Sie an der Umsetzung des neuen Verhaltens hindern könnten. Wie können Sie das Problem lösen oder wie gehen Sie damit um?

10. Gehen Sie nun mit diesem neuen Verhalten in die Zukunft und stellen Sie sich eine ähnliche Situation wie die erstgenannte vor. Wie können Sie sicherstellen, dass Sie das neue Verhalten anwenden werden? Setzen Sie sich einen Erinnerungsanker: beispielsweise die Brille hochschieben, sich am Ohr kneifen, sich räuspern oder etwas anderes.

Hindernisse als Chancen erkennen

Positive Aspekte erkennen

Was machen wir, wenn sich uns ein Hindernis in den Weg stellt? Manche Wegstrecken scheinen regelrecht mit Hindernissen gespickt zu sein, und wir sind nur damit beschäftigt, diese aus dem Weg zu räumen. Wer seinen Weg und seine Ziele jedoch gut kennt, kann mit unvorhergesehenen Ereignissen besser umgehen oder diese leichter in sein Leben integrieren als jemand, dessen Leben einfach irgendwie verläuft. Manches, was sich im ersten Augenblick als Hindernis darstellt, entpuppt sich bei späterer Betrachtung nicht selten als Vorteil. Fragen Sie sich, wenn sich ein Hindernis auftut:

- Wofür könnte das gut sein?
- Worauf weist mich das hin?
- Was steckt hinter dem Hindernis?

Chancen nicht verpassen

Versuchen Sie herauszufinden, was dieses Hindernis bedeutet. Machen Sie sich die Situation in allen Einzelheiten bewusst. Gehen Sie in sich, nehmen Sie Kontakt mit Ihrem Unbewussten auf. Ihr Unbewusstes hat größere Macht als Ihr Verstand. Suchen Sie nach Lösungen. Wer schon bei den ersten Schwierigkeiten den Rückzug antritt, sich zu schnell von seinem Ziel abbringen lässt, der verpasst vielleicht sein größtes Glück.

Nicht stur sein Ziel verfolgen

Umgekehrt kann es aber auch geschehen, dass derjenige scheitert, der zu lange an einer Richtung festhält und stur ein Ziel verfolgt, das mittlerweile definitiv aussichtslos ist. Beispielsweise erlebe ich viele Menschen, die sich verzweifelt an eine gescheiterte Beziehung klammern, statt ihren eigenen Weg zu suchen.

Sich aus dem Vakuum befreien

Etwas Neues wagen

Vor längerer Zeit habe ich Katharina kennen gelernt. Sie war als Trainerin und Organisatorin von Seminaren in einer kleineren Bank beschäftigt. Eines Tages rief sie mich fröhlich an und teilte mir mit, dass sie sich entschlossen habe, den Sprung in die Selbstständigkeit zu wagen. Ihr Mann hatte einen neuen Job in einer anderen Stadt angenommen und sie beide mussten nun ihr derzeitiges Domizil verlassen. Katharina wollte die Chance nutzen. In der Bank hatte sie sich hervorragend qualifiziert und sah ihrem neuen Weg mit einer gewissen Spannung und Neugierde entgegen. Katharina und ihr Mann hatten sich in einem schönen Wohnviertel der neuen Stadt eine Wohnung gekauft und ganz nach ihrem Geschmack eingerichtet. Die Selbstständigkeit lief zwar langsamer an, als Katharina es sich erhofft hatte, aber sie war ganz zufrieden damit. Kinder waren in der Planung der beiden nicht vorgesehen, da sie sich ganz der Karriere widmen wollten.

Zwei Jahre später erinnerte ich mich an Katharina und war neugierig, wie es ihr ging. Also griff ich zum Telefon und rief sie an. Nun, wie ging es ihr? Sie war sehr erschöpft von ihrem Job und – vom Muttersein. Das hat mich überrascht, wirkte sie seinerzeit doch sehr überzeugt von ihrer Lebensplanung, die sich auf den Beruf und auf gemeinsame Interessen beschränken sollte. Doch nach einer Weile stellten sie und ihr Mann sich die Frage: War das jetzt alles? Nein, es fehlte etwas. Und so entschieden sie sich, ihrem Leben eine Wende zu geben und Kinder zu bekommen.

Dem Leben eine Wende geben

Man kann nicht das gesamte Leben planen, sondern nur die einzelnen Abschnitte. In jeder Phase entwickeln wir uns weiter, sodass die anfängliche Planung immer wieder an die aktuelle Situation angepasst werden muss.

Orientierung im Leben

Potenziale in den unterschiedlichen Lebensphasen

Wir können uns leichter im Leben orientieren, wenn wir uns die einzelnen Lebensphasen mit ihren unterschiedlichen Anforderungen und Qualitäten immer wieder bewusst machen. Da jede Phase auf der vorherigen aufbaut, kann man sein gesamtes Potenzial im Leben weitertragen und in die verschiedenen Lebensphasen einbringen. Meist ist es so, dass mit höherem Reifegrad Lebensziele und Berufsziele klarer werden.

Nachdem er jahrelang seine Unabhängigkeit genossen hatte, heiratete Hendrik mit 35 Jahren. Mit der Geburt seiner Kinder veränderten sich gleichzeitig seine Werte. Nicht mehr Fun und Action standen im Vordergrund, sondern die wirtschaftliche Sicherheit der Familie. Dafür engagierte sich Hendrik noch mehr im Job und achtete bei seinen Berufswechseln darauf, dass er immer eine Stufe weiterkam – hinsichtlich der Position wie auch finanziell. Dabei war Hendrik Folgendes klar: Um seiner Familie ein glückliches und unbelastetes Umfeld mit einer entsprechenden finanziellen Ausstattung bieten zu können, musste er auf die Realisierung so mancher Wünsche und Hobbys verzichten. Er musste also sorgfältig auswählen, was er machen wollte. Die knappe Zeit, die ihm neben Arbeit und Familie bleibt, nutzt er nun sinnvoll für die wichtigsten seiner ganz persönlichen Interessen. Freunde, die seine Vorlieben teilen und in ähnlichen beruflichen Situationen stecken, sind dabei ganz wesentlich.

- Welche neuen Wege haben Sie bisher in Ihrem Leben eingeschlagen?
- Was hat sich bei Ihnen durch einen Wechsel der Lebensphasen verändert?
- Welche mentalen Muster und Einstellungen fördern Sie?
- Von welchen sollten Sie sich lösen?

Das Gehirn programmieren

Die Gedanken in eine …

Vor einigen Jahren besuchte ich einen EDV-Kurs. Dort lernte ich, was in der so genannten Blackbox alles abläuft. Am stärksten beeindruckte mich, dass der ganze Datenfluss nur auf 0 und 1 beruht. Der Lehrer erklärte uns, das könne man mit einem Lichtschalter vergleichen: Licht an oder Licht aus. Mit nur zwei Funktionen kann man entscheiden, in welche Richtung man will. Es ist nur eine Frage der Programmierung. Die ganze Sache erschien recht einfach.

Da ich damals in einer Partnerschaftskrise steckte, fragte ich mich, ob es nicht vielleicht im Gehirn auch einen Schalter gäbe, den man einfach umlegen könnte: Will ich diesen Gedanken haben? Ja oder nein. Licht an oder Licht aus. Also machte ich den praktischen Versuch. Sobald mir ein negativer Gedanke unterlief, suchte ich ein positives Gegenbeispiel. Anfangs tat ich mich sehr schwer damit, aber von Mal zu Mal wurde es leichter.

... positive Richtung lenken

Träume verändern

Wie gut dieses Programmieren funktionierte, wollte ich an einem ganz besonders schwierigen Beispiel testen. Ich hatte seinerzeit öfter Alpträume, entweder verfolgte mich jemand oder ich fiel irgendwo runter. Also wartete ich auf den nächsten Alptraum. Dieser Traum war eine Wiederholung, ich hatte ihn schon öfter geträumt: Ich befand mich in meiner ehemaligen Schule und wurde von jemandem verfolgt. Ich rannte durch eine Halle auf eine große, breite Treppe zu. Dieses Mal wollte ich nicht mehr wegrennen, sondern drehte mich um und schaute dem Verfolger ins Gesicht. Ohne das Gesicht genauer identifizieren zu können, verschwand diese Person urplötzlich und der Traum löste sich auf.

In einem anderen Traum fiel ich von einer hohen Klippe hinunter. Während des Fallens beschloss ich, nicht weiter nach unten zu fallen, sondern *über* die Landschaft zu *fliegen*. Das war ein gigantisches Gefühl. Ich flog wie ein Vogel durch die Lüfte. Diese Flugträume gefielen mir so gut, dass ich sie noch einige Male wiederholte. Nach einiger Zeit jedoch tauchte diese Art von Träumen überhaupt nicht mehr auf.

Träume aktiv nutzen

Ich habe daraus gelernt, dass ich meine Träume positiv nutzen kann. Diese Fähigkeit setze ich bei der Entwicklung meiner Seminare und Workshops ein. Nachdem ich alle Informationen, die ich für ein Projekt brauche, gesammelt habe, beschäftige ich mich am Abend vor dem Schlafengehen noch intensiv mit diesem Thema. Wenn ich Glück habe, träume ich in der Nacht den Workshop oder das Seminar. Das gelingt natürlich nicht immer, aber es ist eine gute Sache, um mein Unbewusstes für diese Aufgabe zu gewinnen. Meine Alpträume sind seit damals völlig verschwunden.

Eine positive Grundeinstellung zum Leben finden

Menschen mit einer positiven Grundeinstellung haben es leichter im Leben. Mit Blick auf das Machbare schaffen sie auch große Hürden. Die folgenden Haltungen verhelfen Ihnen zum Erfolg:

- **Vertrauen in unsere Fähigkeiten.** Was habe ich gelernt? Was fällt mir leicht? Wodurch zeichne ich mich besonders aus? Richten Sie Ihre Aufmerksamkeit auf Ihre Kenntnisse und Fähigkeiten.
- **Lösungen finden.** Welche Lösung habe ich bisher angedacht? Welche Alternativen gibt es noch? Wer kann mir helfen, weitere Lösungen zu finden? Wir müssen uns immer wieder bewusst machen, dass es immer mehrere Wege gibt, wie etwas gelöst werden kann.
- **Aufmerksamkeit lenken.** *»Das Glas ist halb voll oder halb leer.«* Diesen Satz kennen wir alle. Wir müssen darauf achten, dass wir unsere Aufmerksamkeit und unsere Gedanken auf das lenken, was wir wollen – und nicht auf das, was wir nicht wollen.
- **Alte Muster durchbrechen.** Um glücklich zu werden, müssen wir uns von alten Verhaltensmustern trennen, die uns mehr behindern als fördern. Sich davon zu lösen fällt uns nicht immer leicht: Die Muster sind uns vertraut und geben uns Sicherheit. Durch neue Verhaltensmuster betreten wir unbekannte Gebiete. Das kann uns verunsichern, Ängste wecken und uns manchmal zum Umkehren animieren. Jeder hat jedoch die Chance, über seinen eigenen Schatten zu springen.
- **Zuversichtlich bleiben.** *Irgendwie schaffen wir es immer.* Denken Sie an den Slogan von Toyota: »*Nichts ist unmöglich.*« Das Erlebnis einer Seminarteilnehmerin zeigt, wie wahr dieser Satz ist: Sie war eine junge, attraktive Frau, die seit vielen Jahren unter multipler Sklerose litt. In meinem Seminar hörte sie einen Satz, der ihr Leben veränderte. Dieser Satz lautete: »Streicht den Satz: ›Das ist unmöglich‹ aus Eurem Wortschatz und ersetzt ihn durch: ›Es gibt immer mehrere Lösungen‹.« Dieser Satz löste eine unglaubliche Energie und vor allem Zuversicht in ihr aus. Sie nahm künftig ihr Leben selbst in die Hand. Bevor sie in mein Seminar kam, war sie nahe daran aufzugeben. Man hatte ihr ge-

sagt, dass sie mit ihrer Krankheit sowieso keinen Job bekommen würde und dass sie sich damit abfinden müsse. Ein Jahr später rief sie mich an: Sie hatte einen neuen Job gefunden.

- **Genießen.** *Wie fühlt es sich an, wenn Sie ein Ziel erreicht haben? Wie geht es Ihnen dabei?* Nehmen Sie sich die Zeit, Erfolge zu genießen. Mancher Erfolgshopper – das sind diejenigen, die von Erfolg zu Erfolg springen – versäumt oftmals das Genießen und verpasst dadurch das Beste.
- **Kleinigkeiten wertschätzen.** *Nehmen Sie nicht alles als selbstverständlich hin.* Legen Sie sich eine wertschätzende Grundhaltung sich selbst und anderen gegenüber zu.
- **Innere Stimme.** *Achten Sie auf Ihre Intuition, hören Sie auf Ihren Bauch.* Meist liegen wir dabei richtig – vorausgesetzt, wir können Kopf und Bauch, Verstand und innere Stimme unterscheiden.
- **Körpersignale wahrnehmen.** *Wo im Körper spüre ich was? Wie geht es mir damit?* Unser Körper sendet uns Signale wie Herzklopfen, Magenschmerzen, Migräne, feuchte Hände, um uns auf etwas Wichtiges aufmerksam zu machen. Achten Sie mehr darauf.
- **Zwischenmenschliches.** *Was mag ich an meinen Mitmenschen?* Lenken Sie die Wahrnehmung stärker auf die positiven Aspekte einer Beziehung. Selbst am unscheinbarsten Menschen findet man etwas Positives (so man denn will!).

Warum nicht öfter mal genießen?

Die kleinen Dinge genießen

Mehr als 90 Prozent meiner Teilnehmer und Kunden sagen von sich, dass sie sich viel zu selten die Zeit nehmen, um etwas zu genießen. Nicht, dass sie es überhaupt nicht täten. Nein, sie tun es nur zu selten. Genuss ist eine Sache der Empfindung, der Gefühle, und Gefühle brauchen bekanntlich oft etwas länger Zeit, bis sie sich entfalten können. Das ist mit einem guten Wein vergleichbar. Den wahren Geschmack erfährt man erst, wenn man den Wein eine Zeit lang im Mund belässt. Ein gutes Essen kann man nicht genießen, wenn man dabei gleichzeitig heftig diskutiert. Das liegt ganz simpel daran, dass man mit seiner Wahrnehmung beim Gespräch und nicht beim Gericht, dem Fisch, dem Gemüse oder was auch immer, ist.

Hochgefühle erleben

Genuss ist etwas, das man fühlen kann. Ein Zustand körperlichen Wohlbefindens, das jeder auf seine individuelle Art erlebt und erfährt. Sicher haben auch Sie schon Zeiten des Genießens erlebt. Beispielsweise im Urlaub, am Strand liegend, unter einer Schatten spendenden Palme: Ein zarter Luftstrom streichelt Ihren Körper und Sie spüren eine unglaubliche Zufriedenheit. Sie haben nur angenehme Gedanken, wenn Sie überhaupt etwas denken. Das ist natürlich was anderes, als wenn man mit 200 Stundenkilometern über die Autobahn jagt. Da werden an das Reaktionsvermögen höchste Anforderungen gestellt. Für einige ist das aber gerade der höchste Genuss: der Rausch der Geschwindigkeit.

Sich von der Informationsflut abgrenzen

Dass wir so selten in den Genuss des Genusses kommen, liegt sicher auch daran, dass wir zu viel auf einmal auf uns einströmen lassen. Die Informationsflut erschlägt uns förmlich. Es ist wichtig, sich davon abzugrenzen, damit wir wieder zu uns selbst finden. Interessanterweise bedauern es die allermeisten Menschen, dass sie sich zu wenig Zeit für sich persönlich nehmen – aber seltsamerweise ändern sie es auch nicht.

Vom Formenreichtum der Lebensphasen profitieren

Die Basis unseres Potenzials

Durch die gestiegene Lebenserwartung ist unser Leben reichhaltiger und vielfältiger geworden. Auch in späteren Lebensjahren stehen uns noch viele Türen offen. Natürlich sind unsere Chancen unter anderem davon abhängig, in welcher Umgebung wir aufwachsen und welche Möglichkeiten zu unserer Entfaltung uns angeboten werden. Wir kommen alle mit einem gewissen Potenzial auf die Welt. Wie viel wir mitbringen und was wir im Leben noch dazulernen, darüber sind sich die Experten nicht einig. Sicher ist jedoch: Wer in einem anregenden Umfeld lebt, in dem er sich frei entfalten und seine Fähigkeiten ausbilden kann, der wird seinen Weg im Leben leichter finden.

Lebensläufe sind vielseitig. Es ergeben sich immer wieder neue Chancen

Die meisten Menschen entdecken jedoch erst im fortgeschrittenen Alter sich selbst und ihr Potenzial. Hinzu kommt, dass unsere Lebensverläufe sehr flexibel geworden sind. Vor 30 Jahren konnte man seine Lehre in einem Betrieb beginnen mit dem Gedanken, hier sein Berufsleben zu verbringen, bis man in Rente geht. Heute dagegen durchleben wir mehrere Lebensphasen, die uns immer wieder neue Chancen bieten. Wir können uns nicht mehr auf einen einzigen Beruf in unserem Leben konzentrieren. Manche Berufe, die noch vor 20 Jahren gebraucht wurden, gibt es heute nicht mehr. Dafür entstehen immer wieder neue Berufe und Arbeitsmöglichkeiten.

Der richtige Augenblick ist immer jetzt

Chancen erkennen und nutzen

Wer darauf wartet, bis der richtige Augenblick kommt, um etwas zu verändern, wartet unter Umständen sein ganzes Leben. Das Jetzt ist das, was zählt. Günstige Momente müssen wir sehen und wahrnehmen, wenn sie sich uns bieten. Der Fokus erfolgreicher Menschen ist darauf gerichtet, Chancen zu erkennen und zu nutzen. Egal, was ihnen über den Weg läuft, sie erfassen relativ schnell, ob etwas Brauchbares dabei ist. Dadurch bereichern sie ihre Lebenslandschaften. Selbst tristen Gegenden und schlechtem Wetter vermögen sie noch etwas Positives abzugewinnen. Sie schaffen sich ein Gelände, in dem es Spaß macht, sich zu bewegen.

Respektvoller Umgang mit sich und anderen

Erfolgreiche und zufriedene Menschen gehen aber auch nicht achtlos durch ihre Lebenslandschaft. Sie hegen und pflegen das, was ihnen wichtig ist, und nutzen die Angebote, die ihnen gemacht werden. Sie können aber auch klar erkennen, was nicht oder nicht mehr benötigt wird oder was ihnen nicht gut tut. Respektvoller Umgang mit sich, mit anderen und mit den Dingen, die sie umgeben, stellt für diese Menschen einen hohen Wert dar.

Selbst Veränderungen initiieren

Gefangen in alten Mustern

Offenheit, Flexibilität, Freude an Neuem, Lust am Ausprobieren, Loslassen alter Angewohnheiten, Ausdauer – das sind nur einige der Eigenschaften, die wir brauchen, um unseren Standort zu verändern. Die folgende Geschichte veranschaulicht recht gut, was man verpassen kann, wenn man Veränderungen nicht in sein Leben integriert: Jahrelang lebte der Eisbär in seinem kleinen Käfig im Zoo. Er ging den ganzen Tag drei Schritte nach links, drei Schritte nach rechts, drei Schritte nach vorn und drei Schritte zurück. Eines Tages wurde der Zoo umgebaut und der Eisbär bekam ein riesiges Gehege. Aber was tat unser Eisbär? Er tappte weiterhin den ganzen Tag drei Schritte nach links, drei Schritte nach rechts, drei Schritte nach vorn und drei Schritte nach hinten. Obwohl sein Käfig ganz neue Möglichkeiten bot, nutzte der Eisbär nicht mehr als die Fläche seines früheren Käfigs. So wie der Eisbär laufen auch wir Gefahr, in unserem engen Radius gefangen zu bleiben und unsere Grenzen zu zementieren.

Die Grenzen erweitern

Kinder sind neugierig und offen dafür, etwas dazuzulernen, etwas Neues auszuprobieren. Dabei gibt es die Mutigen, die sich oft die Nase blutig schlagen, weil sie einfach loslegen, und diejenigen, die erst einmal beobachten und abwarten, um Sicherheit zu gewinnen. Neugier und Offenheit sind Eigenschaften, mit denen wir unsere Lebenslandschaft unglaublich bereichern können. Achten Sie deshalb verstärkt darauf, was es außerhalb Ihrer Begrenzungen Interessantes gibt. Vieles, das Ihnen ganz fremd ist – beispielsweise fremde Kulturen, fremde Wissensgebiete –, kann Ihren Horizont erweitern.

Das verflixte Wort »eigentlich«

Eigentlich wollte ich ja, aber ...

Zu Beginn meines Work-Life-Balance-Seminares stelle ich meinen Teilnehmern immer die Frage, wie zufrieden sie mir ihrem Leben sind. Die meisten antworten: »Ganz gut«, »Soweit ganz gut«, »Im Großen und Ganzen zufrieden«, »Meistens zufrieden«. Selten sagt jemand, dass er unglücklich ist. Die häufigste Aussage ist allerdings die folgende: »Eigentlich geht es mir ganz gut.« Eigentlich. »Eigentlich wollte ich heute Abend joggen gehen, *aber* dann konnte ich mich doch nicht aufraffen.« »Eigentlich wollte ich die Präsentation heute vorbereiten, *aber* es kam wieder so viel dazwischen.« »Eigentlich wollte ich am Wochenende mit meinen Kindern etwas unternehmen, *aber* ich musste mich noch auf eine Sitzung am Montag vorbereiten.« »Eigentlich möchte ich mich mal wieder mit Petra treffen, *aber* ich habe einfach keine Zeit.« Diese Reihe könnte ich und sicher auch Sie noch beliebig fortführen, oder?

... uneigentlich ...

Warum benutzen wir das Wort »eigentlich« so oft? Wenn ich eine »Eigentlich«-Aussage höre, ist mir immer unklar, was der andere sagen möchte. Ich frage dann immer zurück: »Und uneigentlich?« Das Wort gibt es zwar nicht, zeigt aber ganz gut, worum es geht. Ja, was heißt das denn nun: *»Eigentlich geht es mir ganz gut!«* Geht es demjenigen nun gut oder nicht? Wie finde ich jetzt heraus, wie es dem anderen tatsächlich, wirklich geht? Enthält diese Aussage vielleicht eine versteckte Einschränkung?

Das Wort »eigentlich« ist oft mit einer Einschränkung, einem »aber« behaftet. »Das Leben könnte ja so schön sein, wäre da nicht die Präsentation am nächsten Montag, der schmerzende Rücken, die Steuererklärung oder was auch immer.« Zwischen dem, was wir wollen, und dem, was wir tatsächlich erreichen, klafft mitunter eine große Lücke. Ganz ehrlich, wie oft haben Sie sich schon etwas vorgenommen und es dann doch nicht gemacht? Zum Beispiel eine neue Sprache lernen oder Ihr Englisch auffrischen oder regelmäßig Sport treiben oder die Sammelschublade aufräumen, in die alles hineingeworfen wird, für das gerade kein Platz ist. Kommt Ihnen nicht immer irgendetwas »viel Wichtigeres« dazwischen? Finden Sie auch immer Ausreden wie »keine Zeit« oder gerade »zu viel Stress«? Es sind aber weder Zeit noch Stress, die Sie daran hindern, das, was Sie sich vorgenommen haben, auch zu tun. Wir behindern uns meist selbst.

Ablenker und Co.

Immer diese Ausreden

Immer wenn wir die Einschränkung »eigentlich« benutzen, scheint es da jemanden in uns zu geben, der genau dann in Aktion tritt, wenn wir uns etwas vorgenommen haben. Dieser Jemand ist Spezialist für Ablenkungsmanöver und Ausreden – und er ist blitzschnell und gut trainiert. Schon kleine Kinder lassen sich alles Mögliche einfallen, wenn sie zu etwas keine Lust haben. Die Bandbreite ist groß – von intensiven Diskussionen bis hin zu Bauchschmerzen oder sogar Fieber. Ein jahrelanges Training, das unseren »Ablenker« im Laufe der Zeit zu einem wahren Spezialisten gemacht hat.

Signale ernst nehmen

Unser Ablenker ist ein Bruder des Realisten und des Träumers in uns. Er ist der Kritiker, der uns aus dem Unbewussten informiert. Der Träumer hilft uns, Visionen zu entwerfen und die Zukunft zu gestalten, der Realist sorgt mit analytischem, logischem, rationalem Verstand für die Rückbindung an die Realität. Der

Kritiker tritt oft als Warner aus dem Unbewussten auf. Ihnen ist es sicher auch schon passiert, dass Sie sich etwas kaufen wollten. Der Preis und alles stimmt. Sie greifen zu, aber Sie fühlen sich unwohl dabei. Irgendetwas scheint da zu sein, irgendein zwar nicht konkret fassbarer, aber dafür umso deutlicher spürbarer Widerstand. Bleibt dieses Gefühl, dann finden wir an dem, was wir gekauft haben, oftmals keinen Gefallen. Meist ist es so, dass wir zufrieden sind, wenn wir auf diese innere Stimme hören. Wie also finden wir heraus, worauf uns das Unbewusste aufmerksam machen möchte?

Der Kritiker oder Ablenker wird oft von uns als etwas Negatives empfunden. Dass der Kritiker uns auch Vorteile bringen kann, ist erst auf den zweiten Blick erkennbar.

Den Kritiker als Berater sehen

Unser Kritiker hat nämlich einen konstruktiven Auftrag: Er stellt Dinge in Frage und fördert uns dadurch. Er ist derjenige, der uns in unserer Entwicklung weiterbringt. Wer seinen Kritiker als Berater versteht, wird die Vorteile seiner Existenz sehr schnell zu schätzen wissen. Er hat uns nämlich schon oft vor Fehlentscheidungen bewahrt.

Positive Einstellung zum Kritiker

Mit der folgenden Übung können Sie Ihren Kritiker oder Berater kennen lernen und sich mit ihm verbünden. Wenn Sie den Kontakt nicht bei der ersten Übung herstellen können, verzagen Sie nicht. Einen Hinweis möchte ich gerne vorausschicken. Wenn Sie ihm patzig oder aggressiv begegnen, wird er sich gleich wieder verziehen, und Ihre Chance auf einen intensiveren Kontakt verringert sich. Es ist genauso, als würden Sie einen Fremden kennen lernen wollen. Zeigen Sie sich ihm von Ihrer besten Seite. Strahlen Sie ihn an und freuen Sie sich auf Ihr erstes Treffen.

Treten Sie in Kontakt mit Ihrem inneren Kritiker oder Berater

Erster Schritt:

Ziehen Sie sich an einen Ort zurück, an dem Sie für eine Weile ungestört sind, und machen Sie es sich bequem. Legen Sie sich aber nicht hin, sonst laufen Sie Gefahr einzuschla-

fen. Am besten setzen Sie sich auf einen Stuhl, in einen Sessel oder auf den Boden. Wie es für Sie am angenehmsten ist. Von Vorteil ist es, wenn Sie gut visualisieren können. Wenn Ihnen das eher schwer fällt, suchen Sie sich besser eine Stimme oder ein Gefühl, das zu Ihrem Berater passt. Trotzdem empfehle ich Ihnen, die Visualisierungstechnik anzuwenden oder es damit zu versuchen.
Schließen Sie Ihre Augen oder konzentrieren Sie sich auf eine Stelle im Raum. Rufen Sie dann Ihren Berater (Kritiker): »Hallo Berater (Kritiker), ich würde mich freuen, wenn du dich mir zeigen würdest.« Finden Sie heraus, ob er sich eher auf die Anrede »Kritiker« hin meldet oder »Berater«. Nehmen Sie den Begriff, mit dem Sie am besten zurechtkommen.
Warten Sie dann ab, was passiert. Taucht ein Bild vor Ihrem inneren Auge auf oder nehmen Sie eine Stimme wahr? Oder ist es gar ein besonderes Gefühl, das Sie spüren? Versuchen Sie, ein Bild von Ihrem Berater (Kritiker) zu bekommen. Ist es ein Mensch, ein Tier oder ein Fabelwesen?

- Wie groß ist er?
- Wie sieht er genau aus?
- Welche Farben hat er?
- Bewegt er sich?
- Wo genau nehmen Sie Ihren Berater (Kritiker) wahr?
- Ist er in Ihrem Kopf oder außerhalb von Ihnen?
- Wie weit ist er weg?
- Können Sie seine Stimme hören?
- Wie hört sich diese Stimme an?

Machen Sie das Bild so konkret wie möglich. Erwecken Sie Ihren Kritiker zum Leben. Freuen Sie sich, dass er aufgetaucht ist.

Zweiter Schritt:

Nehmen Sie nun Kontakt zu ihm auf. Begrüßen Sie ihn und danken Sie ihm für sein Kommen. Fragen Sie ihn nach seinem Namen und danach, wie es ihm geht, machen Sie ein bisschen Smalltalk. Wenn wir auf jemand Interessantes treffen, wollen wir ihn gern richtig kennen lernen. Mit dieser Einstellung sollten wir auch unserem Kritiker gegenübertreten. Bringen Sie in Erfahrung, was er Ihnen mitteilen und wie er gerne mit Ihnen kommunizieren möchte. Fragen Sie ihn:

- Wozu bist du für mich da? Wofür ist es gut, dass ich dich habe?
- Was ist deine Rolle in meinem Leben?
- Was würde mir fehlen, wenn du nicht da wärst?
- Was kann ich tun, damit ich öfter mit dir kommunizieren kann?
- Wie oft wollen wir uns treffen?
- Woran erkenne ich, dass du mir gerade etwas Wichtiges mitteilen möchtest?

Bleiben Sie im Dialog mit Ihrem Berater (Kritiker) und stellen Sie ihm einfach die Fragen, die Ihnen gerade einfallen.

Dritter Schritt:

Nachdem Sie sich mit Ihrem Berater (Kritiker) vertraut gemacht haben, können Sie das Thema, das Sie aktuell beschäftigt, ansprechen.

- Was möchtest du mir in Bezug auf mein Thema … mitteilen?
- Worauf möchtest du mich aufmerksam machen?
- Warum ist es wichtig, dass du dich einschaltest?
- Was habe ich nicht bedacht bei meinen Überlegungen?
- Welche Ideen/Gedanken/Vorschläge hast du?

Bleiben Sie mit Ihrem Berater (Kritiker) so lange im Dialog, bis Sie ein gutes Gefühl haben. Streiten Sie nicht mit ihm, sondern versuchen Sie herauszufinden, warum er vielleicht so penetrant an etwas festhält. Dieser Dialog ist mit einer Konfliktsituation im normalen Leben mit einem konkreten

Menschen vergleichbar. Bleiben beide halsstarrig und wollen nicht herausfinden, was der andere tatsächlich meint, dann bleibt auch der Konflikt bestehen. Eine Konfliktlösung kann nur erfolgen, wenn man konkreter hinterfragt.

Unterstützung durch unseren Berater

Oft verstehen wir unseren Berater (Kritiker) nicht richtig. Das folgende Beispiel illustriert, was ich meine:

Herausfinden, was gemeint ist

Ich unterhielt mich mit einem Freund über ein berufliches Thema. Im Laufe des Gespräches begannen wir, uns gegenseitig unsere Meinung aufzudrängen. Das steigerte sich so weit, dass wir kurz vor einem handfesten Streit standen. Bevor das Gespräch eskalierte, gingen wir zurück zu dem Punkt, an dem unsere Meinungen auseinander gingen. Wir konnten beide feststellen, dass der Konflikt zum ersten Mal auftrat, als wir uns über ein »System« unterhielten. Ab hier verzerrte sich der Gesprächsverlauf. Wir klärten also, was wir beide unter dem Begriff »System« verstanden, und mussten feststellen, dass wir es beide im Zusammenhang mit dem Inhalt des Gespräches ganz unterschiedlich interpretiert hatten. Der Streit hatte sich also erübrigt.

Bei Konflikten mit dem Berater (Kritiker) ist es ganz ähnlich. Oft hinterfragen wir zu wenig, was er wirklich meint, und stellen ganz selbstverständlich unsere Gedanken und unsere Meinung in den Vordergrund. Kooperation erreicht man aber nur, wenn man versucht, die Meinung des anderen nachzuvollziehen.

Die Hilfe aus dem Unbewussten

Der Kritiker wird von uns fälschlicherweise meist als Gegner empfunden. Er ist aber ein Teil von uns und will uns helfen. Wer ihn respektiert und seine Vorzüge wahrnimmt, der wird mit vielem im Leben leichter fertig, denn der Kritiker gibt ihm als Kapitän seines Lebensschiffes wertvolle Hinweise.

Seien Sie der Kapitän Ihres Lebensschiffes

Die persönliche Inventur

In jeder Firma und jedem Geschäft findet einmal im Jahr eine Inventur statt. Die Inhaber wissen danach, welche Produkte besonders gut angekommen sind oder welche zu Ladenhütern wurden. Sie sehen genau, wie sie mit ihren Ressourcen gewirtschaftet haben, und können Pläne für das nächste Jahr machen, um besser zu werden oder um neue Produkte einzuführen oder mehr Umsatz zu generieren. Wirtschaftet ein Unternehmen oder eine Firma einfach so vor sich hin, ohne sich Gedanken um die aktuelle Geschäftslage und die Zukunft zu machen, geht es/sie relativ schnell bankrott. Natürlich werden die Planungszyklen im Zuge der Globalisierung immer kürzer, umso wichtiger ist es also, kurzfristig den Status quo zu betrachten, um schnell auf Veränderungen reagieren zu können.

Beschäftigen Sie sich viel mit Ihren Zielen

Wie bei einem Geschäft oder Unternehmen zeigt sich auch beim Einzelnen, dass eine Standortbestimmung, umso öfter sie erfolgt, in hohem Maße zur Verbesserung der Lebensqualität beitragen kann. Je öfter wir uns mit unseren Zielen beschäftigen, umso klarer und deutlicher werden sie. Sind am Anfang vielleicht nur vage und diffuse Vorstellungen vorhanden, so verfeinern sich die Bilder von Mal zu Mal, werden immer deutlicher und präziser.

Das Ruder selbst in die Hand nehmen

Nehmen Sie das Ruder ihres Lebensschiffes selbst in die Hand. Lassen Sie sich nicht von Ihrem Umfeld steuern. Entdecken Sie sich, Ihre Fähigkeiten, Ihre Wünsche und Sehnsüchte und machen Sie etwas daraus. Finden Sie heraus, was für Sie wirklich wichtig ist in Ihren Lebensbereichen. Sei es im Job, in Sachen Beziehungen, in Bezug auf die Familie und hinsichtlich Ihrer Gesundheit.

Kapitel III: Beruflicher Erfolg

Der Beruf nimmt einen großen Raum ein

In Kapitel I und II haben Sie sich mit Ihren Werten, Einstellungen und übergeordneten Zielen auseinander gesetzt, die für Sie in Bezug auf Ihren Beruf und die anderen Lebensbereiche wichtig sind. Vielleicht konnten Sie bei der Zeitbalance in Kapitel II feststellen, dass insbesondere der Bereich Beruf einen ganz besonders großen Raum in Ihrem Leben einnimmt – vielleicht sogar einen zu großen, und die anderen Bereiche Ihres Lebens leiden darunter. Sie haben das Gefühl, dass der Alltag Sie auffrisst. Sie rennen von Termin zu Termin und haben kaum noch die Zeit, Ihre anderen Lebensziele zu verfolgen.

Energie auf das lenken, was man will

Wie oft sagen Sie sich, dass Sie etwas ändern müssten – und wie oft packen Sie es dann tatsächlich an? Stellen Sie sich öfter die Frage, was Sie in Ihrem Job ändern können? Machen Sie zu viele Überstunden? Haben Sie zu wenig Freiraum für Kreativität? Fühlen Sie sich gehetzt und ausgelaugt und eigentlich macht Ihnen Ihre Aufgabe keinen Spaß mehr? Dann ist es an der Zeit, Ihre berufliche Situation zu überprüfen und herauszufinden, was Sie wirklich wollen und wie Sie das erreichen können. Damit Wünsche keine Wünsche bleiben, muss neben einer klaren Zielsetzung ein zeitlicher und manchmal auch ein finanzieller Rahmen geschaffen werden.

Welche Werte sind Ihnen in Ihrem Beruf wichtig?

Jeder Mensch hat seine eigene Vorstellung, wie er sich beruflich verwirklichen will. In diesem Kapitel können Sie herausfinden, was Ihnen in Ihrem Beruf wichtig ist und wie Sie Ihr Zeitmanagement an Ihre Bedürfnisse anpassen können. Außerdem lernen Sie Lebenswege von Menschen kennen, durch die Sie sich inspirieren lassen können, damit Sie sich nicht im Beruf verlieren und Work-Life-Balance für Sie keine leere Worthülse bleibt. Die praktischen Anregungen und Übungen in diesem Kapitel können Ihnen dazu dienen, neue Verhaltensweisen auszuprobieren und veränderte Perspektiven einzunehmen. Blicken Sie auf das bisher Erreichte zurück, finden Sie Ihre Potentiale und setzen Sie sich neue Ziele. Rufen Sie sich Ihre Werte ins Bewusstsein, machen Sie sich bewusst, was Sie während dieser Lebensphase, in der Sie sich befinden, in Ihrem Job erreichen wollen. Dann gehen beruflicher Erfolg und ein gutes Selbstwertgefühl Hand in Hand. Der Schlüssel für diesen Erfolg liegt in einer auf Ihre Bedürfnisse abgestimmten Zeitbalance, mit der Sie das Gleichgewicht zwischen beruflichen und privaten Interessen halten können.

Sabina hatte sich bis zu ihrem 25. Lebensjahr kaum mit der Frage beschäftigt, was sie beruflich erreichen wollte. Schon als junges Mädchen dachte sie eher in kurzfristigen Zyklen. Die Frage, wo sie in 20 Jahren stehen könnte, interessierte sie nicht. Das änderte sich, als sie nach der Ausbildung zur Versicherungskauffrau mit 25 Jahren ein Lehramtsstudium begann, das sie in der kürzestmöglichen Zeit absolvierte. Keiner hätte ihr das zugetraut.

Großes Engagement

Direkt nach dem Studium schaffte sie den Einstieg als Vorstandsassistentin in einem großen Versicherungskonzern. Sabina schrieb Reden für den Vorstandsvorsitzenden, arbeitete an Geschäftsberichten und Pressekonferenzen mit. Der Job nahm sie voll in Anspruch. Das Unternehmen befand sich gerade in einer großen Umstrukturierungsphase und sie war so sehr mit dem Job und der Zukunft des Unternehmens beschäftigt, dass für Gedanken an persönliche Ziele kein Raum mehr war. Nachdem das Unternehmen jedoch von einem Mitbewerber geschluckt wurde, wollte sich auch Sabina umorientieren.

Fähigkeiten und Kenntnisse erweitern

Der nächste Schritt war nicht nur ein Wechsel des Jobs: Sabina wechselte auch gleich den Ort und zog vom Norden in die Mitte Deutschlands, um in einer Unternehmensberatung mit Schwerpunkt Personalberatung zu arbeiten. Neben einem neuen Aufgabengebiet lernte sie hier auch die Arbeit in einem kleinen Unternehmen kennen. Das war eine völlig neue Erfahrung, denn hier war alles direkter, hier musste sie viel selbst machen, was sie vorher delegieren konnte. Diese Aufgabe verschaffte ihr einen guten Überblick über Branchen und Unternehmen. Sie lernte, wie man gekonnt auftritt, geschickt telefoniert und Informationen recherchiert. Ihre Verhandlungspartner in den Unternehmen waren meist Vorstände oder Hauptabteilungsleiter. Nachdem es aber keine weiteren Aufstiegschancen mehr gab und die Arbeit zur Routi-

ne wurde, streckte Sabina die Fühler nach Neuem aus. Sie kam bei einer kleineren Versicherung unter. Als Außendienstmitarbeiterin betreute sie nun die Makler und Agenturen der Versicherung. In diesem Job konnte sie ihre Fähigkeiten, Dinge schnell zu erfassen, Lösungen für Probleme zu finden und Kontakt zu anderen aufzubauen, voll einbringen. Als dieses Unternehmen in eine finanzielle Schieflage geriet, war für Sabina klar, dass sie beim nächsten Wechsel ein großes Unternehmen auswählen würde.

Werte im Job wiederfinden

Da sie mittlerweile 36 Jahre alt war, wollte sie langsam sesshafter werden und nicht alle zwei bis drei Jahre erneut auf Jobsuche gehen. Deshalb suchte sie ihren nächsten Job nach Kriterien wie Größe, Sicherheit und Perspektiven für die Zukunft aus. Sabina bekam eine Stelle beim Branchengrößten. Hier sah sie die Chance, innerhalb des Unternehmens freier wechseln zu können. An ihrer Unstetigkeit änderte sich jedoch nichts. Innerhalb des Konzerns suchte sie weiter nach neuen Herausforderungen. Nachdem sie viele Erfahrungen gesammelt hatte, war die Zeit für eine Führungsposition reif. Sabina musste sich der Frage stellen, wie sie die Gestaltungsspielräume, die sie bei allen bisherigen Jobs gehabt hatte, auch im Innendienst erreichen konnte. Und dies sah sie nur in einer Führungsposition gewährleistet. Nach einem erfolgreichen Assessment-Center bekam sie die neue Stelle.

Sabinas Arbeitshaltung ist durch folgende Fähigkeiten und Eigenschaften gekennzeichnet:

- hohe Aufmerksamkeit
- schnelle und gründliche Problemanalyse
- logisches und strategisches Denken
- Bereitschaft, gut zuzuhören
- kreative Lösungsfindungen
- Aufgeschlossenheit
- kommunikative Kompetenz
- hohe Intelligenz
- Neugier
- Hartnäckigkeit
- Entscheidungsfreude
- Teamorientierung
- hohe Selbstverantwortung

Besonders beeindruckend an Sabina ist, dass sie sich mit jedem über alles unterhalten kann. Selbst wenn sie von einem Thema keine Ahnung hat, kann sie sich durch geschicktes Fragen in relativ kurzer Zeit ein Bild von der Sache machen und kompetent mitreden.

Sich auf neues Terrain wagen

Diese Fähigkeit ebnete ihr den Weg in eine Position, zu der ihr das komplette Fachwissen fehlte: Sabina wurde in ein EDV-Projekt integriert, obwohl dies ein ganz neues Gebiet für sie war. Natürlich konnte sie mit einem PC umgehen, aber nur als Anwenderin. Gerade daraus ergab sich jedoch ihre Fähigkeit, Probleme und Nöte der Anwender genauestens zu kennen. Und wenn Sabina es schaffte, ein Programm zu entwickeln, das sie selbst verstand, dann würden auch die restlichen Anwender damit umgehen können. Heute arbeiten mehrere tausend Mitarbeiterinnen und Mitarbeiter erfolgreich mit diesem Programm. Darauf ist Sabina natürlich ganz besonders stolz. Ohne die Mitarbeit des gesamten Teams und den Rückhalt durch ihren Vorgesetzten wäre das nicht möglich gewesen. Dieses Projekt hat sie viele Schweiß gekostet, aber nach Beendigung konnte sie die Karriereleiter hinaufklettern: Sie bekam eine Führungsposition.

Die Stärke von Sabinas Persönlichkeit hat sich Stück für Stück durch ihre Erfahrungen und Erlebnisse herauskristallisiert und verfeinert. Sie hat gelernt, sich immer wieder durchzusetzen bei Verhandlungen und Gesprächen mit den unterschiedlichsten Menschen.

Herausforderungen suchen

Ihre Berufsstrategie ist, genau hinzuschauen und von anderen zu lernen. Stets fragt sie sich: »Wie macht der andere das, wie kommt das an und wie kann ich das auf mich übertragen?« Sabina lernt permanent dazu und ist immer auf der Suche nach neuen Erfahrungen. Dabei muss das nächste Ziel nicht größer und besser sein, nur anders. Es muss etwas Neues, Interessantes, Spannendes sein. Die Suche nach Herausforderungen treibt sie voran und ringt ihr Höchstleistungen ab.

Sabina definiert ihren beruflichen Erfolg so: »Erfolg bedeutet für mich, dass ich die Möglichkeit habe, Entscheidungen zu treffen, etwas zu bewegen, Unternehmen mit voranzutreiben, außerdem möchte ich ein gutes Gehalt und die Sicherheit eines Großunternehmens.«

Die Werte, die sie in ihrer Definition nennt, begleiten Sabina von Anbeginn an. Allerdings haben sie sich mit den Jahren verschoben. Die Werte Sicherheit und gutes Gehalt sind im Laufe der Zeit und mit dem Eintritt in die vierte Lebensphase ganz nach oben gerückt.

Überprüfen Sie Ihre aktuelle berufliche Situation

Finden Sie Ihre eigenen Werte und Fähigkeiten heraus. Stimmt das, was Sie momentan in Ihrem Beruf leben, mit dem überein, was Sie sich vorstellen?

Welchen Beruf, welche Arbeit üben Sie gerade aus?

____

Welche Werte sind Ihnen in Ihrem Beruf wichtig?

____

Woran erkennen Sie, dass diese Werte erfüllt sind?

____

Welche Fähigkeiten setzen Sie in Ihrem Beruf ein?

____

Welche Potenziale sind noch ungenutzt?

____

Was finden Sie an Ihrem aktuellen Job gut? Womit sind Sie ganz zufrieden?

____

Was zeichnet Sie für diese Aufgabe ganz besonders aus?

____

Gibt es etwas an Ihrer aktuellen beruflichen Situation, das Sie gerne verändern würden? Wenn ja, was wäre das?

____

Wenn Sie etwas verändern wollen, dann nutzen Sie dazu die Übungen auf den Seiten 48 und 115.

Was bedeutet Erfolg im Beruf?

Fragt man Menschen, was sie unter »beruflichem Erfolg« verstehen, bekommt man vielfältige Antworten. Dabei werden interessanterweise der eigene Erfolg und der Erfolg anderer völlig unterschiedlich definiert.

Der Erfolg der anderen

Andere Menschen werden meist als erfolgreich betrachtet, wenn sie eine hohe Position in Wirtschaft oder Politik bekleiden oder wenn sie viel Geld verdienen. Wenn der Nachbar plötzlich einen Porsche fährt und man selbst einen Kleinwagen, sehen wir ihn als erfolgreicher an. Stimmt das aber? Vielleicht hat er sich dafür verschuldet oder seine Altersvorsorge aufgebraucht.

Dem Erfolg vergeblich nachrennen

Ich habe einmal ein Ehepaar kennen gelernt, das unbedingt als erfolgreich gelten wollte. Also packten sie Kind und Kegel und zogen in den Villenvorort der Stadt. Voller Stolz berichteten sie mir bei meinem Besuch, dass rechts ein Zahnarzt, links ein Architekt, gegenüber ein Bankdirektor und weiter vorne der prominente Herr Sowieso wohne. Die Villa war nicht nur geschmackvoll, sie war auch immens teuer – für den Geldbeutel des Ehepaares zu teuer. Aber was tut man nicht alles für sein Image. Das Ende des Liedes war: Nach zwei Jahren hatten sie nicht nur ihre eigene Firma ruiniert, sie standen vor einem riesigen Schuldenberg. Der Wagen musste verkauft werden und ebenso das Haus.

Womit werde ich erfolgreich?

Geld und alles Materielle können wir verlieren. Vom glorreichen Aufstieg und tiefen Fall materiell orientierter Menschen und auch Firmen lesen wir nicht selten in der Zeitung. Am Geld also ist Erfolg nur bedingt messbar. Die Frage ist doch eher: Wie und womit werde ich erfolgreich? Habe ich eine gute Idee, oder bin ich in meinem Job besonders gut? Habe ich den idealen Job gefunden, der mich glücklich und erfolgreich macht?

Der Erfolg folgt

Der Fischer in unserer Geschichte am Anfang des Buches fühlt sich erfolgreich. Er hat nicht viel Geld, aber es genügt für seine Ansprüche. Er findet seine Erfüllung ganz einfach in dem, was er tut, und nicht in dem, was er besitzt. Wer dem Erfolg nachrennt, wird ihn nie einholen. Erfolg bedeutet, dass *er folgt*: Der Erfolg folgt also demjenigen, der weiß, was er will, und der seinen Weg gefunden hat.

Roland, der millionenschwere Immobilienmakler aus Kapitel

II, der mit Mitte vierzig alles erreicht und wieder verloren hatte, war in seinem Leben erfolgreich – aber nur in einem Teilbereich. Roland hatte nicht die nötige Balance gefunden. Er hat seine gesamte Energie in seinen Job investiert und dadurch seine Familie verloren.

Erfolg durchdringt alle Bereiche

Beruflicher Erfolg ist eng verknüpft mit den übrigen Bereichen unseres Lebens. Wer um ein ausgeglichenes Verhältnis in allen Lebensbereichen bemüht ist, dem ist Erfolg auf ganzer Linie sicher. Private und persönliche, aber auch berufliche Probleme werden nicht einfach an der Tür abgelegt. Sie beschäftigen einen permanent. Wer hier Rückhalt bei Familie oder Freunden findet, wird solche Situationen leichter meistern.

Meine persönliche Erfolgsdefinition

Wie wir an den Beispielen sehen können (und auch aus unserem Umfeld wissen), definiert jeder Einzelne Erfolg ganz individuell. Jeder legt eigene Kriterien fest, an denen sein Erfolg messbar ist. Was uns meist nicht bewusst ist: Grundlage dieser Kriterien sind unsere inneren Einstellungen und unsere Werte. Was ist uns im Beruf ganz besonders wichtig? Was muss das Einzelziel erfüllen, damit wir uns erfolgreich fühlen? Finden Sie mit Hilfe der nachfolgenden Übung Ihre ganz persönliche Definition von Erfolg im Beruf, aber auch in anderen Bereichen, heraus.

Erfolg (im Beruf) bedeutet für mich persönlich:

____

Woran genau erkenne ich, dass ich erfolgreich bin?

____

Woran können andere erkennen, dass ich erfolgreich bin?

____

Welche Werte sind in meiner Erfolgsdefinition enthalten?

____

Erfolg hat viele Schattierungen

Wenn ich erfolgreichen Menschen begegne, fällt mir vor allem eines auf: Diese Menschen fühlen sich mit und in ihrem Leben wohl. Das, was sie tun, tun sie gerne. Sie jammern und lamentieren nicht. Wenn es Probleme gibt, dann suchen sie nach Lösungen. Sie sind in ihrem gesamten Handeln aktiv und nach vorne orientiert.

An den Erfolg denken

Erfolgreich zu sein bedeutet nicht, es leicht zu haben. Aber erfolgreiche Menschen denken in Erfolgen und konzentrieren ihr Handeln auf das, was ihnen Erfolg bringt. Dabei ist ihre Fähigkeit, Chancen wahrzunehmen und Menschen für sich zu gewinnen, ganz besonders ausgeprägt. Von außen betrachtet wirken solche Lebensläufe manchmal, als hätten diese Menschen mehr Glück als andere. Aber auch sie durchlaufen Krisen und haben mit Schwierigkeiten zu kämpfen. Doch im Gegensatz zu vielen anderen Menschen vergraben sie sich nicht, sondern suchen nach Lösungen, nach Auswegen, nach neuen Perspektiven. Ihre Kunst besteht darin zu unterscheiden, was sie weiterbringt und was sie behindert. Danach treffen sie ihre Entscheidungen.

Warum der Bergsteiger erfolgreich ist

Wenn ein Bergsteiger einen Hang hochklettert, macht er sich nicht ständig Gedanken, wie schwierig der Aufstieg bisher war und wie anstrengend der Rest nach oben sein wird. Er konzentriert sich darauf, dass er die Haken sauber einschlägt, damit er nicht abstürzt, und achtet auf den nächsten Schritt. Zwischendurch hält er inne und sucht nach einer guten Aufstiegsmöglichkeit. Seine gesamte Aufmerksamkeit ist bei dem, was er aktuell tut. Das können wir von einem Bergsteiger lernen:

1. Er ist Bergsteiger aus Begeisterung und Faszination.
2. Er wählt den Berg nach ganz bestimmten Kriterien aus.
3. Er bereitet sich auf seine Strecke gut vor und stimmt seine Ausrüstung darauf ab.
4. Er wählt den richtigen Zeitpunkt, beobachtet also das Wetter und die Witterungsverhältnisse.

5. Er weiß, dass seine Kondition für die gewählte Tour ausreichend ist. Er ist trainiert und fühlt sich gesund.
6. Er konzentriert sich auf den aktuellen Schritt und bleibt bei der Sache.
7. Er sichert jeden Schritt ab.
8. Er nimmt Ablenkungen wahr, reagiert aber nur, wenn es notwendig ist.
9. Er ist wachsam für Dinge, die sein Vorhaben scheitern lassen könnten.
10. Er teilt sich die Strecke und seine Kraft ein.
11. Er achtet sorgfältig auf das, was er tut, und kontrolliert, ob alles in Ordnung ist.
12. Er sucht immer nach den besten Möglichkeiten.
13. Er geht auch mal einen oder mehrere Schritte zurück, wenn er sieht, dass er nicht weiterkommt.
14. Wenn er es für sinnvoll erachtet, nimmt er einen Partner mit, der ihn sichert.
15. Er wird nicht unachtsam, wenn er kurz vor dem Ziel ist.
16. Er genießt es, am Ziel angekommen zu sein.

Diese 16 Punkte lassen sich – etwas umgewandelt – auch auf den beruflichen Erfolg anwenden.

16 Punkte für den beruflichen Erfolg

1. Finden Sie Aufgaben und Ziele, die Sie begeistern und motivieren.
2. Wählen Sie Aufgaben und Ziele aus, die Ihren Fähigkeiten, Potenzialen und Werten entsprechen.
3. Bereiten Sie sich auf die einzelnen Ziele sorgfältig vor. Was wollen Sie erreichen, bis wann, wie?
4. Wählen Sie den richtigen Zeitpunkt für den Start. Wann passt es am besten? Wann stimmen die Rahmenbedingungen?
5. Machen Sie sich bewusst, dass Sie auch die nötige Zeit, Ausdauer und Konzentration für das Ziel oder Projekt aufbringen können.
6. Konzentrieren Sie sich dann auf die einzelnen Schritte. Setzen Sie sich auch dafür feste Termine.

7. Stellen Sie sicher, dass Sie das *Richtige* tun.
8. Achten Sie auf Ablenkungen. Welche wirken unterstützend, welche bremsend?
9. Nehmen Sie rechtzeitig Veränderungen wahr, die Sie an der Zielerreichung hindern könnten.
10. Setzen Sie sich Einzelziele, bestimmen Sie Meilensteine, damit Sie das Ziel auch tatsächlich erreichen.
11. Stellen Sie immer wieder sicher, dass sie auf dem richtigen Weg sind. Kontrollieren Sie die einzelnen Schritte und ob sie im Zeitplan liegen.
12. Suchen Sie immer wieder nach dem besten Weg, der besten Methode.
13. Gehen Sie auch einmal einen oder mehrere Schritte zurück, wenn Sie in einer Sackgasse gelandet sind.
14. Finden Sie Menschen, die Ihnen helfen, Ihr Ziel zu erreichen.
15. Bleiben Sie aufmerksam und wachsam, bis Sie Ihr Ziel tatsächlich erreicht haben.
16. Genießen Sie es, dass Sie das Ziel erreicht haben.

Identifikation mit dem, was man tut

Begeisterung in der Aufgabe finden

Ein Bergsteiger ist Bergsteiger aus Leidenschaft. Für manche Menschen ist der Beruf eine Berufung – sie lieben ihren Beruf, weil sie sich darin selbst verwirklichen und ihre Erfüllung finden können. Andere wiederum lassen sich von einer Aufgabe motivieren, die ihnen Anerkennung bringt und sie zu Höchstleistungen anspornt. Das A und O einer zufriedenen beruflichen Tätigkeit ist die Identifikation mit dem, was man tut. Wie aber finden Sie heraus, ob das, was Sie tun, das Richtige für Sie ist? Folgende Fragen sollen Ihnen dabei helfen:

Überprüfen Sie Ihre Berufswahl

- ❒ Die Entscheidung für diesen Beruf, diese Aufgabe habe ich aus mir heraus getroffen.
- ❒ Ich kann bei meiner Tätigkeit meine Fähigkeiten einsetzen.

- ❒ Meine wichtigsten Werte werden in meinem aktuellen Job erfüllt.
- ❒ Probleme oder Konflikte bei der Arbeit versuche ich direkt zu lösen, schiebe sie nicht vor mir her.
- ❒ Mein Engagement für die Ziele in meinem Job ist groß.
- ❒ Ich bin bei dem, was ich tue, motiviert. Es gibt selten Phasen, in denen ich mich frustriert fühle.
- ❒ Ich gehe morgens mit einem guten Gefühl zur Arbeit.
- ❒ Ich fühle mich auch während des Tages voller Energie.
- ❒ Ich gehe abends mit einem guten Gefühl nach Hause.
- ❒ Ich kann von meiner Arbeit abschalten und mich auf andere Dinge konzentrieren.
- ❒ Mit der Balance meiner verschiedenen Lebensbereiche bin ich zufrieden.
- ❒ Im Großen und Ganzen fühle ich mich da, wo ich beruflich gerade stehe, ganz wohl.

Auch wenn diese Aussagen für Sie nicht immer zutreffen: Im richtigen Job sind Sie, wenn die obigen Aussagen größtenteils zutreffen. Nicht jeder Tag ist gleich. Mal wird man mehr, mal weniger gefordert, mal hat man mehr, mal weniger Erfolgserlebnisse. Wenn Sie aber seit längerer Zeit eine Unzufriedenheit spüren, dann ist es an der Zeit, etwas zu ändern. Finden Sie heraus, was nicht stimmt. Dazu empfehle ich Ihnen die Übungen Seite 87 (Aktuelle berufliche Situation) am Anfang dieses Kapitels und auf Seite 114 (Mein beruflicher Rückblick). Ist es eine generelle Unzufriedenheit in Ihrem Job – weil vielleicht Ihre zentralen Werte nicht erfüllt werden oder Sie Ihre Potenziale nicht einbringen können? Vielleicht liegt die Unzufriedenheit aber auch nur daran, dass Sie einfach nicht wissen, wie Sie die vielfältigen Aufgaben und die täglichen Störungen des Berufsalltags bewältigen können.

Selbstorganisation und Zeitmanagement

Unerlässlich für erfolgreiche Work-Life-Balance ist eine optimale Selbstorganisation und effektives Zeitmanagement. Dazu gehört die langfristige Planung von größeren Projekten in Ihrem Job genauso wie die Planung des täglichen Alltags innerhalb und außerhalb des Büros. Wie Sie mit einer klaren Zielsetzung, einer guten Arbeitsorganisation und Elementen zum Entspannen und Abschalten den Tag gestalten, finden auf den nachfolgenden Seiten.

Wichtig oder nicht wichtig – das ist hier die Frage

Die Schwierigkeit im Berufsalltag besteht oft darin, das wirklich Wichtige von Unwichtigem zu unterscheiden. Jeder von uns hat Tage, an denen er sich am Abend beim Verlassen des Büros fragt, was er heute eigentlich geschafft hat. Bei einem Tagesrückblick würden die meisten feststellen, dass sie viel Zeit mit unnötigen oder unwichtigen Dingen vertan haben. In dem Moment, in dem man die Aufgabe jedoch erledigt, ist das meist nicht bewusst.

Den Tag gestalten

Der Schlüssel für eine erfolgreiche Tagesgestaltung

Ein wichtiger Schlüssel für eine erfolgreiche Tagesarbeit liegt darin, sich klare Ziele für den Tag zu setzen und ihn zu gestalten, damit alle wichtigen Dinge genauso eingeplant werden, wie der sogenannte »Kleinkram«.

Welche Aufgaben/Projekte stehen heute an? Was muss ich beginnen, weiterführen, abschließen?

Tagesziele festlegen

Konzentrieren Sie sich auf Ihre Hauptaufgaben. Was ist *heute* das Wichtigste? Finden Sie Zeiträume, in denen Sie sich darauf konzentrieren können und wo Sie am wenigsten gestört werden. Grenzen Sie den Zeitrahmen ein – legen Sie eine bestimmte Zeit für eine Aufgabe fest. Tun Sie das nicht, dehnt sich die Zeit aus, bis Sie die Aufgabe erfüllt haben und anderes bleibt liegen. Versuchen Sie, realistische Zeiträume festzulegen. Eliminieren Sie in dieser Zeit Störungen. Stellen Sie Ihr Telefon um oder schalten Sie die Mailbox ein. Hängen Sie ein Schild vor Ihre Tür: »Bin heftig am Arbeiten – bitte später melden – Danke«. Kontrollieren Sie mehrmals täglich, ob Sie Ihre Tagesziele erreichen.

Ein wesentlicher Bestandteil für Erfolg im Beruf ist, sich auf die *richtigen* Dinge in einem längerfristigen Zeitrahmen zu konzentrieren. Was sind meine Ziele in den nächsten Wochen, Monaten, in den nächsten ein bis fünf Jahren? In Kapitel II finden Sie auf Seite 48 f. eine Übung (Aktivitäten und zeitliche Planung einzelner Ziele), mit der Sie Ihre Ziele herausarbeiten können. Mindestens einmal pro Jahr sollten Sie auch Ihre großen, visionären Ziele und Aufgaben überdenken. Damit Sie das nicht vergessen, sollten Sie sich zu Beginn des neuen Jahres einen Zeitraum – am besten mehrere Tage – in den Kalender eintragen, an denen Sie sich eine Auszeit nehmen und über die großen Ziele und Visionen nachdenken. Welche Teilaufgaben entstehen dann daraus? Brechen Sie die Einzelaufgaben herunter und übertragen Sie sie in Ihre aktuelle Aktivitätenliste. Nachfolgende Projektübersicht kann Ihnen als Anregung dienen.

Das Richtige tun

Projektplan

Thema/Ziel/Projekt: Kundenzeitschrift
Starttermin/Zieltermin: 20.11.2002 / 30.02.2003

Was ist zu tun? Aktivitäten/Einzelschritte	**Wer ist daran beteiligt, wer macht was?**	**Wie wird die Aufgabe erledigt?**	**Bis wann?**	✓
Ziel der Zeitschrift definieren	Hanne, Bernd, Ulrike, Christina	erste Ideen sammeln, Partner zu einem Brainstorming einladen, Termin mit allen finden	30.11.	
Beispiele sammeln	Alle	Was kommt bei uns auf den Tisch? Ideen aus dem Internet?	10.12.	
Konzept besprechen	Alle	Aufbau, Gestaltung, Layout, Inhalte, Themen	10.12.	
Master-Layout erstellen	Hanne	Publisher	05.01.	
Artikel schreiben	Alle	Word-Datei	30.12.	
Adressen auswählen	Alle	Wer soll den Infobrief erhalten?	20.01.	
Artikel in Layout übertragen	Hanne	nach Vorlage	15.02.	
Druck, Versand	Bernd/Druckerei	Checkliste erstellen	30.02.	

Mittels einer Projektübersicht können Sie dann die Einzelaufgaben in Ihre aktuelle To-do-Liste für den Tages- oder Wochenablauf einplanen. Das Projektsheet sollte mindestens obige Daten beinhalten.

Übersicht schafft Erfolg

Verzetteln Sie sich nicht im Alltagsgeschäft durch ungenügende Planung. Erstellen Sie sich für Ihre Ziele und Projekte immer ein Übersichtsblatt – unabhängig, wie lange diese laufen und ob andere mit involviert sind. Sie haben damit nicht nur eine schnelle Übersicht über anstehende und laufende Projekte, sondern können auch Prioritäten leichter erkennen. Sie werden feststellen, dass Sie damit nicht nur entspannter arbeiten, sondern auch wesentlich mehr Ziele erreichen, als Sie das bisher für möglich hielten. Wir werden mit so vielen Dingen tagtäglich konfrontiert, dass wir oft Wichtiges vergessen. Erst mit der exakten Planung kann der Bergsteiger seine Tour erfolgreich beenden. Das gilt auch für uns: Je konkreter die Planung, umso schneller erreichen wir unsere Ziele – vor allem aber werden wir damit flexibler.

Planung macht flexibel

Dass man durch Planung flexibler wird, erscheint auf den ersten Blick als Widerspruch. Woran sollten wir aber sonst erkennen, ob uns das Ziel tatsächlich so wichtig ist, wenn wir nicht Freiräume schaffen und Strategien entwickeln, um es zu erreichen? Planung verschafft Übersicht – und Übersicht hilft uns, die wichtigen von den unwichtigen Dingen zu unterscheiden und flexible Lösungen zu finden.

Prioritäten setzen

Ein weiterer wesentlicher Punkt für Erfolg im Beruf ist das Setzen von Prioritäten. Was hat oberste Priorität (A), was kann warten (B), was ist eher unwichtig (C)?

Stellen Sie sich vor, jede Aufgabe Ihrer Tagesarbeit würde mit einem Ball repräsentiert. Da gibt es die roten Bälle (Priorität A), die blauen Bälle (Priorität B) und die gelben Bälle (Priorität C). Ich füge noch die schwarzen Bälle hinzu für die Zeitverschwender (Priorität D).

Rot steht für feste Termine und Krisenfälle

Die *roten Bälle* (Priorität A) stehen an oberster Stelle. Sie sind wichtig und dringend zugleich. Das sind Projekte oder Teilaufgaben mit einem festen Termin an diesem Tag, Krisenfälle – zum

Beispiel wenn ein Mitarbeiter erkrankt, das Unternehmensimage in Gefahr ist, dem Unternehmen Kosten entstehen, das EDV-System ausfällt, die Produktion stillsteht. Hier muss man *sofort* handeln. Alles, was dem Unternehmen und damit auch Ihnen schaden oder Gewinn bringen könnte, steht an oberster Stelle. Wahrscheinlich haben Sie – wie viele andere auch – fast nur rote Bälle zu bearbeiten. Das ist zumindest meine Erfahrung aus meinen Work-Life-Balance-Seminaren.

Blau steht für Planung, Organisation, Erholung

Die *blauen Bälle* (Priorität B) sind in der Wertigkeit genauso hoch angesiedelt wie die roten Bälle. Sie haben jedoch noch ein wenig Zeit. Sie sind wichtig, aber nicht dringend. Hier muss man nicht *sofort* handeln. Die blauen Bälle sind jedoch die Entscheidenden für unsere Arbeit und unseren Erfolg. In diesem Bereich entwickeln wir Visionen, planen und organisieren wir, suchen neue Geschäftsfelder und Möglichkeiten, entwickeln neue Perspektiven. Dieser Bereich dient der gesamten Planung und Organisation unserer Ziele und Aufgaben, aber auch der Beziehungsarbeit mit Kunden, Kollegen, Geschäftspartnern, Familie, Freunde usw. Je mehr wir diesen Bereich vernachlässigen, umso mehr geraten wir unter Zeitdruck und -not. Und wir sehen nur noch eine Farbe von Bällen, nämlich rot.

Vorausschauendes Denken und Handeln sind deshalb das Merkmal der blauen Bälle, also die Aufgaben der Priorität B. Dazu gehören auch die Bereiche Entspannung und Erholung. Im Abschnitt über die Wochenplanung können Sie sehen, dass diese Aufgaben der Priorität B zugeordnet wurden. Zu Priorität A werden sie, wenn sie permanent vernachlässigt und nach hinten geschoben werden.

Mit der Wochenplanung hat man da übrigens eine gute Kontrolle, welche Dinge man aufschiebt. Die meisten meiner Seminarteilnehmer stellen an dieser Stelle fest, dass sie viele Aufgaben, die eigentlich Priorität B sind, als Priorität A definieren. Genau das setzt sie dann aber unter Druck. Erst die Erkenntnis, dass sie ihre B-Aufgaben durch unzureichende Planung zu A-Aufgaben machen, löst den Druck, unter den sie sich selbst stellen. Alles, was in B versäumt wird, wird zu A und führt damit zu Stress und Ausgebranntsein.

Gelb steht für weniger Wichtiges

Die *gelben Bälle* (Priorität C) sind weder wichtig noch dringend. Viele Anrufe, Besprechungen, manche Post und scheinbar dringende Angelegenheiten fallen darunter. Hier finden wir die größten Zeitfresser. Vieles kann hier organisatorisch gelöst werden. Man geht nur zu den Besprechungen, die wirklich wichtig für einen sind. Man liest nicht jede Post ausführlich, sondern überfliegt manches. Die Datenablage im PC sowie das papierne Ablagesystem sind übersichtlich gestaltet und man hat einen schnellen Zugriff. Checklisten und das Ausschöpfen der technischen Möglichkeiten können hier Arbeitszeiten reduzieren. Aus diesem Bereich kann vieles herausfliegen oder delegiert werden.

Schwarz steht für reine Zeitverschwender

Dann gibt es noch die *schwarzen Bälle* (Priorität D). Das sind die Zeitverschwender, also alles, was unnötig ist. Zum Beispiel Geschwätz mit den Kollegen (ich meine nicht den informellen Austausch), oder man beschäftigt sich intensiv mit einer Aufgabe, die einem zwar Spaß macht, aber in keiner Relation zum Zeitaufwand steht. Dazu gehören auch Aufgaben, die man schon immer gemacht hat, ohne darüber nachzudenken, ob sie überhaupt noch notwendig sind. Dieser Bereich gehört in den Papierkorb.

Aufgaben zuordnen

Vielleicht hilft Ihnen das Visualisieren Ihrer Aufgaben durch die farbigen Bällen, sodass Sie sich künftig nicht mehr so schnell in Engpässe stürzen. Kommt eine Aufgabe herein, dann ordnen Sie ihr einen farbigen Ball zu. Sie werden sehen, dass mit der Zeit immer mehr rote Bälle zu blauen oder gelben werden. Mit diesen Bällen im Bedarfsfall zu jonglieren wird Ihnen immer leichter fallen. Es kommen ja tatsächlich immer irgendwelche wichtigen Zwischenfälle an einem Arbeitstag vor, die Sie nicht planen konnten. Schauen Sie auf Ihre To-do-Liste und verschieben Sie die Bälle, die zu verschieben sind.

To-do-Liste

Sie können eine To-do-Liste für jeden Tag anlegen oder nur eine für die gesamte Woche. Nutzen Sie die To-do-Liste auf Ihrem PC, dem Handheld oder schreiben Sie Ihre Aufgaben auf Papier. Welches Instrument Sie benutzen, bleibt Ihnen überlassen. Das Entscheidende ist, *dass* Sie zu Erledigendes *aufschreiben*. Das Gesamtziel in Ihre Langfristplanung (siehe Kapitel II, Zeitliches Raster, Seite 46), die Teilziele und deren Priorität kommen auf die To-do-Liste. Ebenso die Aufgaben, die Sie an andere delegiert haben. Konzentrieren Sie sich auf Ihre Prioritäten: A, B, C. Arbeiten Sie die Aufgaben nicht nach dem Lustprinzip ab oder weil sie einfach sind oder schnell gehen. Von diesen Aufgaben haben Sie nämlich ziemlich viele. Und die sind es auch, die Ihnen die Zeit rauben. Konzentrieren Sie sich auf die blauen Bälle (Priorität B), die Sie Ihren Zielen näher bringen.

To-do-Liste

Woche: 49 Datum: 1.–5.12.2002

o.k.	Prio	Aufgaben / Tätigkeiten	Mo	Di	Mi	Do	Fr	Sa	So	delegiert	Zeit
	B	Infozeitschriften-Beispiele sortieren		V		V					0,5
	B	Infozeitschrift -Layout, Inhalte, Themen									1,5
✓	B	B. Sievers 069-75 75 75 75 Projekt X	X								
	B	Aushilfe organisieren für Projekt Y	T	T							
✓	A	Werkstatt, Bremsen kontrollieren	X								
	B	Essen mit Carla			T						
	B	Geschenk für Kinder					B				
	B	Präsentation Kunde X				V					

S = Schreiben B = Bearbeiten T = Telefonieren
V = Vorbereiten D = Delegieren K = Kontrolle

To-do-Liste

So kann eine To-do-Liste für die Woche aussehen. Prioritäten sind schnell erkennbar und man behält die Übersicht. Sobald eine Aufgabe erledigt ist, haken Sie diese ab oder kreuzen sie an. Falls sich etwas nach hinten verschiebt, vermerken Sie das ebenfalls. Finden Sie eigene Abkürzungen für Ihre spezifischen Tätigkeiten. Die obige Liste können Sie mit einem Word- oder Exceldokument erstellen. Sie sollte immer schnell für Sie zugänglich sein. Am besten, Sie legen die Liste an Ihren Arbeitsplatz, damit Sie sofort darauf zugreifen können. Sie können die Liste aber genausogut elektronisch anlegen.
Ob Sie sich für eine Tages-To-do-Liste oder einen Wochenplan oder gar beides entscheiden, müssen Sie ausprobieren. Testen Sie einfach beides.

Was schreiben Sie in Ihre To-do-Liste?

- Aufgaben und Projekte sowie Teilprojekte, die zur Vorbereitung, Bearbeitung, Weiterarbeit anstehen
- Telefongespräche, die Sie noch führen wollen
- Texte, die Sie noch schreiben wollen
- Aufgaben, die Sie delegieren wollen – mit einem Kontrolltermin versehen
- Private Dinge, die für Sie wichtig sind
- Aufgaben, die im Laufe des Tages hereinkommen und nicht sofort erledigt werden
- Im Prinzip alles, was nicht sofort erledigt wird
- Bei Aufgaben, die länger als 30 Minuten dauern, die von Ihnen geplante Dauer in der Spalte Zeit
- Kleinkram, der nicht sofort erledigt wird und den man oft vergisst

Wann und wie führen Sie Ihre To-do-Liste?

Täglich prüfen

Legen Sie Ihre Liste für die kommende Woche bereits am Freitagnachmittag an. Sie schaffen sich damit einen Überblick über die Aufgaben der nächsten Woche. Übertragen Sie nicht erledigte Aufgaben aus der Woche, die fast hinter Ihnen liegt, mit einem Pfeil (→) im Kästchen o.k. in die neue Liste. Bereiten Sie sich an jedem Tagesanfang durch einen Blick auf Ihres Tages-To-do-Liste auf Ihre Aufgaben vor und kontrollieren Sie am Tagesabschluss, was Sie geschafft haben. Nicht erledigte Aufgaben werden auf den nächsten Tag übertragen. Besprechungstermine, Geburtstage, Verabredungen etc. tragen Sie in Ihren Terminkalender ein. Terminkalender und To-do-Liste gehören zusammen. Einen Besuchstermin schreiben Sie nicht auf Ihre To-do-Liste. Notieren Sie aber entsprechend vorher in Ihre Liste, wenn Sie dazu etwas vorbereiten müssen.

Auch private Dinge notieren

Ich empfehle Ihnen, auch private Dinge mit in Ihre To-do-Liste aufzunehmen. Sie müssen dann Privates nicht im Kopf behalten und werden es nicht vergessen. Wenn Sie nicht wollen, dass Ihre Kollegen sehen, was Sie privat tun, dann verschlüsseln Sie den Eintrag. Notieren Sie auch Ihre privaten Termine und die Kontrolltermine Ihrer persönlichen Ziele in Ihrem Geschäftskalender. Auch das geht in verschlüsselter Form. Falls Sie mit einem Handheld arbeiten, dann aktualisieren Sie diesen mehrmals am Tag mit Ihrem PC – je nachdem, wie viel sich darin ändert.

Rückblick

Wer seine To-do-Liste in Papierform schreibt, sollte sie sammeln und ungefähr ein Jahr lang aufbewahren. Diese Listen sind ein wichtiger Informationsgeber, was sich in Ihrem Aufgabenbereich verändert hat, was hinzugekommen und was weggefallen ist. Wer eine Gehaltserhöhung oder Beförderung anstrebt, kann sich aus dieser Sammlung wertvolle Hinweise und Argumentationshilfen ziehen. Außerdem können Sie über einen längeren Zeitraum hinweg nachvollziehen, was Sie wann gemacht haben. Für ein Kundengespräch oder ein Projekt kann das von Nutzen sein.

Freiräume durch Überblick

Falls Sie bisher ohne ein solches Instrument gearbeitet haben, dann rechnen Sie damit, dass diese Umstellung einige Zeit brauchen wird – ungefähr vier bis sechs Wochen. Sie machen in dieser Zeit Ihre persönlichen Erfahrungen, was Sie in die To-do-Liste aufnehmen müssen und was nicht. Sie werden merken, dass Sie durch gezieltes Planen merklich entlastet werden. Und Sie werden feststellen, dass Sie dadurch vieles schneller erledigen können als bisher und sich neue Freiräume auftun. Deshalb sollte dieses Instrument für Sie so selbstverständlich werden wie das tägliche Zähneputzen.

Verhandeln und Nein sagen lernen

Konkrete Termine

Das Aufschreiben und Visualisieren Ihrer Aufgaben in Form von farbigen Bällen hilft Ihnen zu unterscheiden, was wichtig und was dringend ist. Sie kennen es: Im Prinzip scheint alles wichtig und dringend zu sein. Gerade heute in unserer schnelllebigen Zeit muss alles sofort, in Echtzeit passieren. »Am liebsten gestern«, »So schnell wie möglich«, »Sofort«. Diese Formulierungen lassen die meisten in ihrem Denken erstarren. Anstatt nachzufragen, bis wann spätestens die Aufgabe erledigt werden sollte, reagiert man auf den Druck. Auch hier gilt wieder: agieren statt reagieren. Fragen Sie nach, bis wann Sie die Aufgabe spätestens abliefern müssen. Machen Sie eine Gewohnheit daraus, diffuse Termine genau zu klären. Im Laufe des Tages, in den nächsten Tagen: Das sind alles ziemlich indifferente Aussagen, an denen Sie sich nicht wirklich orientieren können.

Verhandeln Sie!

Handeln Sie konkrete Tage und bei kurzfristigen Aufgaben die Uhrzeit aus, die Sie in Ihre To-do-Liste eintragen. Ganz wichtig! Verhandeln Sie über Termine. Lassen Sie sich nicht unnötig unter Druck setzen. Nur Sie haben den Überblick über Ihre gesamte Arbeit. Überlegen Sie realistisch, wann Sie was erledigen können, und sprechen Sie sich mit Ihren Vorgesetzten ab. Eine Gruppe Führungskräfte, die an einem meiner Seminare teilnahmen, waren zum Beispiel der Ansicht, mit dem Vorstand könne man nicht über Termine verhandeln. Keiner hatte bisher versucht, einen Termin nach hinten zu verschieben. Kam ein Auftrag von »oben«, machten Sie sich sofort an die Arbeit. Aber wenn wir schon davon ausgehen, dass etwas nicht möglicht ist, werden wir auch keine Lösung finden. Kurzum: Ein paar Wochen später traf ich einen der Teilnehmer wieder. Er hatte es geschafft. Es war überhaupt kein Problem, mit dem Vorstand über einen Termin zu verhandeln. In den meisten Fällen funktioniert es. Wenn Sie einmal einen Ihrer letzten Tage Revue passieren lassen: Gab es da Situationen, in denen Sie hätten verhandeln können? Wenn ja, warum haben Sie es nicht getan?

Her mit der Arbeit!

Aber vielleicht gehören Sie zu den Menschen, die kleine Staubsauger sind – sie ziehen die Arbeit förmlich an. Egal ob in diesem Job oder in einem anderen. Sie saugen scheinbar einfach alles auf. Vielleicht finden sie darin Anerkennung oder Bestätigung oder haben ein Helfersyndrom. Oder sie meinen, sie müssten das tun und dürften nicht Nein sagen, wenn eine Aufgabe an sie herangetragen wird. Bevor Sie einen Auftrag oder eine Aufgabe annehmen: Klären Sie, welches Ziel zu erreichen ist, und schätzen Sie den Aufwand ein. Stehen Sie unter Zeitdruck, dann überlegen Sie, ob Sie die Aufgabe oder Teilaufgaben daraus delegieren können. Sind Sie der Letzte, den die Hunde beißen, dann verhandeln Sie unbedingt über den Termin.

Gekonnt Neinsagen

Lernen Sie, Nein zu sagen, indem Sie das Wort »Nein« vermeiden. Bei vielen Menschen ruft dieses Wort nämlich eine unbewusste Trotzreaktion aus der Kindheit hervor. Innerlich stampfen sie auf den Boden und wollen sich durchsetzen. Indem Sie dieses Wort erst gar nicht benutzen, ersticken Sie Machtspiele schon im Keim. Finden Sie lieber eine Formulierung, die konstruktiv wirkt.

Sagen Sie Nein, indem Sie Ja sagen. Zum Beispiel: »Das mache ich gerne für Sie, bis wann brauchen Sie das *spätestens*?« »Ja, das kann ich gerne machen. Schauen Sie, ich habe noch dieses und jenes (mit Hinweis auf Ihre To-do-Liste) – ich kann Ihnen das bis 15 Uhr erledigen. Okay?« Nennen Sie einen konkreten Termin, bis wann *Sie* das schaffen. Und tragen Sie die Aufgabe, während Sie verhandeln, direkt in Ihre To-do-Liste ein. Machen Sie noch einen dicken roten Strich darauf, damit der andere sieht, dass Sie die Wichtigkeit der Aufgabe erfasst haben. Sollten Sie merken, dass Sie den Termin nicht halten können, dann geben Sie dem anderen kurz Bescheid über die Verzögerung und nennen ihm einen neuen Termin. Denken Sie daran, einen realistischen Termin auszuhandeln, sodass Sie die Aufgabe in der Zeit auch schaffen können. Kann sich der andere auf Ihre Terminzusage nicht verlassen, können Sie dieses Spiel nicht mehr mit ihm machen. Was bei dieser Methode zählt, ist absolute Zuverlässigkeit.

Auch Unvorhersehbares kann man terminieren

Springen Sie nicht auf jeden Zug, der gerade vorbeikommt. Bewerten Sie unvorhergesehene Dinge sofort. Muss das wirklich *jetzt* sein oder könnten Sie das später oder gar an einem anderen Tag erledigen? Was würde passieren, wenn Sie das jetzt nicht erledigen würden? Bricht dann die Welt zusammen oder werden Sie dann gefeuert? Gewöhnen Sie es sich an zu agieren, nicht zu reagieren. Sie wissen es doch: Sie bekommen einen Anruf, dass Sie etwas sofort erledigen sollen. Sie lassen alles andere stehen und liegen und machen sich an die neue Aufgabe. Nachdem Sie sie dann weitergegeben haben, stellen Sie fest, dass es an der anderen Stelle noch ziemlich lange liegt. War das nun wirklich so dringend? Ich sage immer: Das Einzige, worauf man wirklich sofort reagieren muss, ist, wenn Leib und Leben bedroht sind. Zum Beispiel wenn ein Mitarbeiter einen Herzanfall bekommt oder es in der Firma brennt. Alles andere hat zumindest noch so viel Zeit, dass man darüber nachdenken kann, wann man es machen könnte.

Ich? Jetzt?

Machen Sie es sich also zur Regel: Bevor Sie eine Aufgabe annehmen, stellen Sie sich folgende Fragen: Muss *ich* das machen? Wenn nein, delegieren. Muss ich das *jetzt* machen? Wenn nein, einen späteren Termin finden. Oder Sie fragen sich: Was passiert, wenn ich das nicht *sofort* mache?

Mit Störungen und Unterbrechungen umgehen

Ein weiterer Faktor beeinflusst unsere Tagesarbeit: Störungen und Unterbrechungen. Wie gehen wir mit diesen Störungen um? Manchmal ist uns eine Störung sogar ganz angenehm, weil wir bei einer Aufgabe gerade nicht weiterkommen oder einfach mal eine kurze Abwechslung brauchen. Oftmals ist es jedoch umgekehrt. Wir werden aus dem Fluss gerissen.

Der Tagesablauf – ein Segeltörn

Ein Tagesablauf gestaltet sich wie ein Segeltörn. Wir kennen das Ziel, haben die richtige Ausrüstung, die entsprechenden Instrumente, die Mannschaft und das Know-how. Was wir nicht beeinflussen können, ist der Wind, die Strömung oder ob uns unterwegs der Mast bricht, Mitsegler krank werden, ob uns Piraten begegnen oder die Mannschaft meutert. Diese Unwägbarkeiten können wir auch in unserem Tagesablauf nicht einplanen. Was wir können, ist lernen, damit umzugehen. Nehmen wir den Wind. Das kann beispielsweise das Tempo sein, mit dem wir arbeiten. Wenn wir uns unwohl fühlen oder krank sind, ist unsere Energie auf einem relativ niedrigen Level. Das müssen wir akzeptieren und uns dann kurzfristig anpassen. Wir müssen öfter Pausen einlegen oder einen kleinen Spaziergang an der frischen Luft machen. Oder wir legen für ein paar Minuten die Füße auf den Schreibtisch und entspannen uns.

Sich durch schlechte Stimmung nicht beeinflussen lassen

Oder die Strömung: Das könnte beispielsweise die Stimmung im Betrieb oder der Abteilung sein. Ist sie gut, hebt sie uns hoch. Ist sie schlecht, drückt sie uns nieder. Suchen Sie nach positiven Aspekten in Ihrer Arbeit. Konzentrieren Sie sich auf die Menschen, die eine optimistische Haltung haben. Ein weiterer potenzieller Unterbrecher ist die Technik. Gerade dann, wenn man etwas Wichtiges ausdrucken muss, gibt der Drucker seinen Geist auf oder der Computer stürzt ab. Falls Sie das Problem nicht lösen können, machen Sie in dieser Zeit etwas anderes. Schauen Sie auf Ihrer To-do-Liste, was als Nächstes dran ist.

Stress mit dem Chef

Piraten sind meistens diejenigen, die über uns bestimmen, also unser Chef oder die Kunden. Manchmal finden wir vielleicht, dass es sich eher um Haie handelt. Wie dem auch sei: Verhandeln Sie, teilen Sie Ihre Auffassung, Ihre Meinung mit – auch wenn das manchmal unangenehm ist. Wenn Sie Stress mit Ihrem Chef haben, überlegen Sie, woran das liegen könnte. Nicht selten liegt ein

Missverständnis vor. Das kann sich so weit verschärfen, dass jegliche Kommunikation davon betroffen ist. Finden Sie heraus, was diese Differenzen verursacht haben könnte. Gab es eine Situation in den letzten Tagen oder Wochen, die Sie vielleicht nicht so bewusst wahrgenommen haben? Sprechen Sie Ihren Chef offen darauf an. Missverständnisse und Konflikte können nur geklärt werden, wenn man darüber spricht. Bereiten Sie sich gut auf das Gespräch vor. Führen Sie das nicht zwischen Tür und Angel, sondern lassen Sie sich einen Termin geben. Bringen Sie positive Elemente in das Gespräch ein und sprechen Sie nur konkrete Vorfälle und Ereignisse an. Vergleichen Sie sich und ihre Situation nicht mit anderen Kollegen. Überlegen Sie, wie Sie die Zusammenarbeit mit Ihrem Chef verbessern könnten. Finden Sie positive Elemente in Ihrer Beziehung und lenken Sie Ihren Fokus darauf. Im Kapitel IV finden Sie Übungen, wie Sie sich positiv stimulieren können.

Missverständnisse und Konflikte klären

Schwierige oder komplizierte Aufgaben – schiebt man gerne vor sich her! Erledigen Sie Schwieriges oder Unangenehmes gleich am Morgen. Dann ist es weg. Ansonsten steht die Aufgabe den ganzen Tag wie ein Berg vor Ihnen. Dieses unangenehme Gefühl bremst Ihre gesamte Energie.

Schwierige Aufgaben sofort erledigen

Bei Ihrem morgendlichen Überblick über den Tagesablauf können Sie mit der Zeit immer besser erkennen, ob an diesem Tag Überstunden anfallen oder nicht. Kontrollieren Sie immer, welche Priorität eine Aufgabe hat. Ist es wirklich notwendig, dass Sie dafür so lange bleiben, oder könnten Sie das nicht am nächsten Tag schaffen? Falls Überstunden bei Ihnen an der Tagesordnung sind, sollten Sie sich für ein oder zwei Tage in der Woche das Ziel setzen, pünktlich das Büro zu verlassen. Tragen Sie die Uhrzeit an diesem Tag in Ihren Kalender ein und achten Sie im Tagesablauf darauf, ihn auch einzuhalten. Setzen Sie sich das als klares Ziel für diesen Arbeitstag. *Gehen Sie wirklich.* Verabreden Sie sich nach Büroschluss mit einer Freundin, dem Partner oder den Kindern und halten Sie diesen Termin genauso ein wie einen Geschäftstermin. Nehmen Sie Ihre Joggingschuhe mit und gehen Sie gleich nach Büroschluss zum Laufen. Gehen Sie Shoppen oder ins Kino. Mit einer guten Büroorganisation und einer optimierten Zeit- und Aufgabenplanung können Sie sich von Ihren Überstunden verabschieden. Nicht immer, aber immer öfter.

Überstunden müssen nicht sein

Pausen machen

Pausen sind Energiequellen

Wer arbeitet, der muss auch Pausen machen. Leider vergessen das viele Menschen. Sie arbeiten, arbeiten und arbeiten. Dabei ist es so einfach, sich zwischendurch eine kleine Auszeit zu nehmen. Hier ein paar einfache Tipps.

Vorschläge für die Pausengestaltung

- Öffnen Sie das Fenster und nehmen Sie ein paar frische Atemzüge.
- Machen Sie in der Mittagspause einen kleinen Spaziergang. Das empfehle ich auch, wenn Sie mit Ihrer Arbeit ins Stocken geraten oder Ihnen die Ideen ausgehen. Gehen Sie raus, lassen Sie sich von Ihrer Umgebung inspirieren.
- Schauen Sie zum Fenster raus. Schauen Sie in den Himmel oder auf Ihre Umgebung. Finden Sie Dinge, die Sie positiv inspirieren.
- Recken und strecken Sie sich – das können Sie im Sitzen oder Stehen tun.
- Trinken Sie eine Tasse Tee. Konzentrieren Sie sich ganz darauf.
- Hängen Sie sich ein schönes Bild – vielleicht eine Landschaft – in Ihr Büro. Nehmen Sie sich mehrmals täglich ein bis zwei Minuten Auszeit. Konzentrieren Sie sich auf das Bild. Stellen Sie sich vor, Sie wären in dieser Landschaft.
- Installieren Sie sich ›Anker‹ im Büro, die Ihnen ein gutes Gefühl und Energie geben. (Blumen, Bild, Skulptur, Figur…)
- Machen Sie kleine mentale Entspannungsübungen.

Weitere Tipps zur Entspannung finden Sie in Kapitel V.

Delegieren Sie

Die Kunst des Delegierens

Gehören Sie auch zu den Menschen, die denken, sie müssten alles selbst erledigen? Die sich sagen: Bevor ich das einem anderen erklärt habe, habe ich es längst selbst erledigt? Diese Argumentation höre ich immer wieder. Doch sie ist ein Trugschluss. Oftmals liegt es nicht daran, dass ein anderer das nicht erledigen könnte, sondern daran, dass wir meinen, das Erklären der Aufgabe würde zu lange dauern, oder wir ihm das nicht zutrauen. Nicht wenigen fällt deshalb das Delegieren sehr schwer. Sie wissen, wenn Sie es selbst machen, dann ist es richtig. Von dieser Verhaltensweise sollte man sich jedoch trennen, will man sich nicht weiter mit Aufgaben zuschütten, die von anderen genauso gut erledigt werden können.

Zeit für die Übergabe nehmen

Wichtig beim Delegieren ist, dass man Vertrauen in den anderen hat und das zu erreichende Ziel exakt formuliert. Wer mit »machen Sie mal« eine Aufgabe für erklärt ansieht, braucht sich nicht zu wundern, wenn das Ergebnis nicht seiner Vorstellung entspricht. Nehmen Sie sich deshalb genug Zeit für die Übergabe der Aufgabe. Geben Sie dem anderen alle Informationen, die er braucht, und lassen Sie den anderen die Aufgabe und das Ziel nochmals in seinen eigenen Worten wiedergeben. Wichtig ist auch, dass Sie Kontrolltermine setzen, an denen Sie über den Fortgang der Aufgabe unterrichtet werden. So beugen Sie Missverständnissen oder Fehlern vor.

Aufgaben delegieren

- Erstellen Sie eine Liste Ihrer Aufgaben und der daraus resultierenden Teilaufgaben.
- Filtern Sie heraus, was auf jeden Fall von Ihnen selbst erledigt werden muss. Das sind die Aufgaben, die entweder nur Sie können oder die Kern- und Schlüsselaufgaben Ihrer Position.
- Schreiben Sie nun auf, wer mit Ihnen zusammenarbeitet oder zusammenarbeiten könnte.
- Finden Sie heraus, welche Fähigkeiten diese Personen haben.
- Überlegen Sie nun, wer von diesen Menschen für welche Aufgabe geeignet wäre.
- Sprechen Sie mit dieser Person ab, inwieweit sie diese Aufgabe oder Teilaufgabe übernehmen kann. Was kann er/sie unter Umständen sofort übernehmen, was später?
- Informieren und instruieren Sie den Mitarbeiter ganz ge-

nau über die Aufgabe. Was soll er konkret bis wann erledigen? Was ist das Ziel der Aufgabe? Vereinbaren Sie mit dem Mitarbeiter konkrete Termine, auch Kontrolltermine für Teilaufgaben. Unterstützen Sie ihn eventuell in der Anfangsphase.

- Bei Aufgaben, die Sie auf Dauer delegieren: Setzen Sie einen festen Zeitpunkt, ab wann der Mitarbeiter die Aufgabe komplett alleine übernehmen kann.

Mit anderen zusammenarbeiten

Springen Sie über Ihren eigenen Schatten. Trauen Sie anderen zu, dass sie die Aufgabe übernehmen können. Konzentrieren Sie sich auf Ihre Ziele.

Vielleicht hat man ja niemanden, an den man delegieren kann. Da ist es sinnvoll herauszufinden, welchem Kollegen es ähnlich geht. Tauschen Sie sich aus und finden Sie gemeinsame Lösungen. Ein großer Störfaktor ist beispielsweise das Telefon. Man will sich auf eine Aufgabe konzentrieren, wird jedoch permanent durch das Klingeln des Telefons wieder aus den Gedanken gerissen. Finden Sie einen oder zwei Kollegen im Büro, mit denen Sie den gegenseitigen »Telefondienst« absprechen. Das funktioniert oft besser, als man vorher glaubt. Die meisten Menschen machen sich jedoch oftmals nicht die Mühe, dafür jemanden zu finden.

Privates mit dem Beruf verbinden

Strukturen …

Dank flexibler Arbeitszeiten können wir heute Berufliches und Privates sehr viel besser miteinander verknüpfen. Die Vorstellung: »Anwesenheit« ist gleichbedeutend mit »man arbeitet«, ist jedoch noch nicht aus allen Köpfen verschwunden. Weder bei den Führungskräften noch bei den Mitarbeitern. Aber: Genauso wenig wie ein überfüllter Schreibtisch Zeugnis davon ablegt, dass der Schreibtischbenutzer sehr viel zu tun hat, bedeutet lange Anwesenheit noch lange nicht, dass der Anwesende auch produktiv ist.

… durchbrechen

Lösen Sie sich von dieser Einstellung. Entscheidend ist doch, ob Sie Ihre Ziele erreichen. Wie und in welcher Form, ob von zu Hause oder im Büro – ist das nicht zweitrangig? Finden Sie heraus, wie das in Ihrem Unternehmen gehandhabt wird. Sprechen

Sie mit Ihrem Vorgesetzten, wie Sie sich Ihre Arbeitzeit vorstellen. Werden Sie selbst aktiv – warten Sie nicht, bis sich etwas verändert. Führen Sie die Veränderung selbst herbei.

Privates und Berufliches verbinden

Höchstleistungen erbringen wir nur, wenn wir motiviert sind – wenn wir uns mit unserer Aufgabe und den Rahmenbedingungen wohl fühlen. Da spielt es keine Rolle, wo wir gerade sind, da nehmen wir keine Trennung vor zwischen Beruf und Privat. Nicht selten hat man während der Freizeit eine hervorragende Idee für ein berufliches Projekt. Warum soll man sich dann sagen: Jetzt nicht, schließlich ist heute Sonntag? Andererseits kann man genauso gut während der Woche Privates erledigen – was ja auch nicht selten geschieht. Warum treffen Sie sich nicht öfter in einer Pause mit Freunden oder dem Partner? Oder laden Sie doch einfach mal Ihre Kinder mit ins Büro ein. Da können sie hautnah erleben, was Sie den ganzen Tag so machen.

Checkliste Selbstorganisation und Zeitmanagement

- Gehen Sie positiv in den Tag hinein
- Setzen Sie sich Ziele und Prioritäten für diesen Tag
- Planen Sie schriftlich – den Tag, die Woche, Monat und Jahr
- Konzentrieren Sie sich auf Ihre B- und A-Aktivitäten
- Analysieren Sie einzelne Aufgaben
- Finden Sie Möglichkeiten, Aufgaben zu delegieren
- Bauen Sie Pufferzeiten ein
- Achten Sie auf Ihre Leistungskurve
- Versehen Sie Unvorhergesehenes mit Prioritäten
- Organisieren Sie Ihren Schreibtisch
- Machen Sie öfter mal eine kleine Pause
- Gehen Sie in der Mittagspause raus aus dem Büro
- Handeln Sie Termine aus
- Erkennen und beseitigen Sie Zeitverschwender
- Unterbrechen Sie Ihre Verhaltensmuster – suchen Sie nach neuen Ideen, wie Sie etwas machen könnten

Genießen Sie Erfolge

Sich auch an Kleinigkeiten erfreuen können

Springen Sie nicht von einem Ziel zum anderen, ohne eine Pause zu machen. Stellen Sie sich den Bergsteiger vor. In dem Augenblick, in dem er oben ankommt, vergisst er die ganzen Strapazen, die Schwierigkeiten und Hürden, die er bis zum Gipfel nehmen musste. Er genießt den Augenblick, er genießt seinen Erfolg. Können Sie Ihre Erfolge genießen oder suchen Sie – kaum angekommen – schon wieder die nächste Herausforderung? Stellen Sie sich jeden Tag bei Arbeitsende die Frage, worin Sie heute wieder erfolgreich waren. War es ein konstruktives Gespräch mit einem schwierigen Kunden, oder haben Sie es geschafft, die Präsentation nach anfänglich schlotternden Knien doch noch zum Erfolg zu führen? Lassen Sie den Tag Revue passieren und verlassen Sie das Büro mit dem Gefühl, etwas geschafft, bewegt, vorangetrieben zu haben. Finden Sie auf dem Weg aus dem Büro einen Anker, der Sie dazu auffordert, darüber nachzudenken. Führen Sie ein persönliches Tagebuch, in dem Sie notieren, was Ihnen heute ganz besonders gut gelungen ist. Das können Kleinigkeiten sein. Wenn Sie sich positive Gedanken machen, können Sie die Sonne scheinen lassen, obwohl es draußen regnet. Schöpfen Sie Kraft aus Ihren positiven Gedanken. Haben Sie den Mut, Ihr Leben in neue Bahnen zu lenken.

Mut zur Veränderung

Zum Verändern gehört Neugier und die Lust, sich auf neue Wege zu begeben – aber vor allem gehört dazu der *Wille*, sich zu verändern. Viele Menschen wollen beruflich zwar etwas verändern, stehen aber nicht voll und ganz dahinter. Erst wenn Sie mit Haut und Haaren zu Ihrer Vision stehen, werden Sie auch Mittel und Wege finden, diese zu verwirklichen.

Existenzfragen

Ohne Zweifel braucht man aber auch viel Mut, sich zu verändern. Gerade in der heutigen Zeit rückt die Bedeutung der Arbeit weit in den Vordergrund. Firmen, die Mitarbeiter zu Tausenden entlassen, schüren die Angst vieler Berufstätiger und Berufsanfänger. Die Frage, ob man selbst davon betroffen sein wird, ist stets im Hinterkopf präsent. Für die meisten ist eine Entlassung gleichbedeutend mit der Gefahr, die Existenzgrundlage zu verlieren. Wie soll man seine Familie ernähren, die Wohnung bezahlen, Kleider, Auto und vieles mehr finanzieren? Diese Fragen machen Angst. Aber: Angst lähmt, dadurch schränkt sich unser Handlungsspielraum ein.

Optimismus bewahren

In dieser Zeit das Vertrauen in die Zukunft zu bewahren, ist nicht leicht. Aber es geht. Wer sich auf seine Fähigkeiten, Möglichkeiten und Beziehungen besinnt, hat beste Chancen, seinen Weg zu machen.

Wie man schwierige Zeiten mit Mut, Selbstvertrauen, Energie und Motivation durchsteht, möchte ich Ihnen am Beispiel von Klaus zeigen.

Die Tücken einer neuen Aufgabe

Klaus ist 46 Jahre, verheiratet, hat zwei Kinder und ist seit 20 Jahren im Personalbereich tätig. Die Entscheidung für den Personalbereich fiel ihm beim Berufseinstieg recht leicht. Schon früh hatte er erkannt, dass er gut mit Menschen umgehen konnte. Klaus arbeitete nach seiner Ausbildung bei einem Dienstleistungsunternehmen. Mehr als zehn Jahre war er dort als Personalmanager für die Betriebe in Deutschland zuständig, als er das Angebot bekam, die Leitung eines einzelnen Betriebs zu übernehmen. Der Reiz war groß. Klaus hatte sowieso schon mit dem Gedanken gespielt, das Unternehmen zu wechseln, weil sich ihm hier keine Entwicklungsmöglichkeit mehr bot. So schien es, als käme diese Chance gerade zur rechten Zeit. Als Personalchef hatte er viel Zeit in den Außenbetrieben verbracht, die Problemstellungen waren ihm vertraut und die vielen Fragen der Mitarbeiter hatten sein Wissen und seine Aufmerksamkeit hinsichtlich der Betriebsabläufe geschärft. Das konnte er schaffen. Allerdings befand sich der zu übernehmende Betrieb gerade in einer außerordentlich schwierigen Situation: Der Umsatz war um ein Viertel eingebrochen, Kunden hatten sich zurückgezogen, gleichzeitig wurde ein neues EDV-System eingeführt. Insbesondere die Einführung der neuen Software war schlecht vorbereitet und gerade an dem Tag, an dem auf das neue System umgestellt wurde, trat Klaus seinen neuen Job an. Die Neuorganisation mündete in extreme Probleme, die von allen Beteiligten einen enormen Zeitaufwand forderte. Kein Tag verging, an dem Klaus nicht mindestens 14 Stunden arbeitete. Zudem nahm er sich noch Arbeit mit nach Hause.

Wenn die Chemie nicht stimmt

Zur gleichen Zeit sollte auch die Geschäftsführung des Bereiches neu besetzt werden. Der neue Geschäftsführer konnte seinen Job jedoch wegen Krankheit nicht antreten. So blieb auch das gesamte operative Geschäft an Klaus hängen. Vom Headoffice bekam er keinerlei Unterstützung. Vom Ehrgeiz angetrieben, versuchte Klaus zu retten, was noch zu retten war. Mit viel Mühe und in enger Zusammenarbeit mit dem Betriebsrat gelang ihm das bis zum Ende des Jahres: Die Zahlen waren im Januar wieder in Ordnung, die Betriebsorganisation stand und die Resonanz der Kunden war sehr positiv. Das war ein großer Erfolg für Klaus, den er aber nicht genießen konnte: Ein neuer Geschäftsführer trat die vakante Stelle an und schnell erkannte Klaus, dass die Chemie zwischen ihnen beiden nicht stimmte. Trotz der guten Zahlen und neuer Kunden veränderte sich die Stimmung spürbar. Klaus und seine Mitarbeiter erhielten keinerlei Anerkennung für ihre Leistung, sondern ernteten nur Kritik.

Klaus ahnte, dass seine Tage in diesem Betrieb gezählt sein würden – und tatsächlich: Nach weit über zehn Jahren im Unternehmen, nach hervorragendem Ergebnis seit Betriebsübernahme, einer guten Reputation im Mutterhaus und einem enormen Arbeitseinsatz seinerseits und seitens seines Teams warf ihn der neue Geschäftsführer einfach raus. Trotz seiner Ahnung war die Entlassung für Klaus zunächst ein Schock. Doch zum Glück hatte er sich bereits zuvor gedanklich mit dieser Möglichkeit auseinander gesetzt. So fing sich Klaus relativ schnell. Zwar war die Betroffenheit bei Eltern, Schwiegereltern, Freunden, Bekannten und allen, die ihn kannten, zunächst groß. Aber alle gaben sie ihm Kraft, unterstützten und motivierten ihn.

Offenheit und Zuversicht

Für Klaus war es sehr wichtig, allen gegenüber offen und ehrlich bezüglich seiner Arbeitslosigkeit zu sein. Dies war umso einfacher für ihn, da jeder Mensch in seiner Umgebung ihm signalisierte, dass er mit Sicherheit bald wieder Arbeit finden würde bei seinem Engagement und seinen Fähigkeiten. Diese Zuversichtlichkeit stärkte Klaus zusätzlich. Finanziell war er noch eine Weile durch eine gute Abfindung abgesichert. Er konnte sich also etwas Zeit lassen, um einen geeigneten Job zu finden.

Eine neue Zukunft gestalten

Drei Monate war Klaus zu Hause. In dieser Zeit orientierte er sich neu. Er nahm sich Zeit für sich, joggte jeden Tag eine Stunde, wodurch er einen freien Kopf bekam, und stellte sich die Frage:

Was willst du in Zukunft wirklich machen? Klaus aktivierte alte Kontakte und kam so wieder mit einem Trainer und Coach ins Gespräch, der früher in seinem Unternehmen Seminare durchgeführt hatte. Ihn rief er an und verabredete sich mit ihm. Durch das Coaching fand Klaus Antworten, auf die er allein nicht gekommen wäre. Er gewann Klarheit darüber, was er wirklich wollte und was ihm an einem Job wichtig war. So vorbereitet, konnte er zielgerichtet einen neuen Job suchen und seine Bewerbungsgespräche führen.

Innerhalb von fünf Monaten fand Klaus einen neuen Job: wieder bei einem Dienstleistungsunternehmen, wieder im Personalwesen, mit weniger Gehalt, aber mit viel mehr Zufriedenheit.

Sich auf unbekanntes Terrain begeben

Klaus hat die Chance für einen Jobwechsel in einen anderen Bereich genutzt. Er hat sich auf neues Terrain gewagt, das mit vielen Unwägbarkeiten verbunden war, aber er wusste, dass er genug Kraft besaß, etwas zu bewegen und etwas aufzubauen. Dies ist ihm ganz klar gelungen.

Ein Beruf, der Spaß macht

Wie entsteht eigentlich der Wunsch nach einem bestimmten Beruf? Welche Faktoren beeinflussen persönliche Entscheidungen?

Wenn ich einmal groß bin, dann werde ich …

Fragt man Kinder nach ihren Berufswünschen, antworten sie meist: Feuerwehrmann, Lehrerin, Rennfahrer, Ärztin oder Pilot. Darunter finden sich ein paar (meist Jungs), die Chef werden wollen. Kinder nennen Berufe, unter denen sie sich etwas vorstellen können, Berufe, die begreifbar und anfassbar sind. Mit dem Begriff »Manager« kann ein Kind gewöhnlich nichts anfangen, es sei denn, dessen Vater oder Mutter ist im Management tätig.

Im Laufe des Erwachsenwerdens verändern sich die Wünsche und die Vorstellungen, werden präziser. Die persönlichen Fähigkeiten prägen sich aus, die Interessen konzentrieren sich auf bestimmte Gebiete und allmählich findet ein junger Mensch zu dem, was er eigentlich möchte. Unterstützung von Seiten der Familie ist dabei sehr hilfreich. Es kann aber auch passieren, dass die Familie den jungen Menschen in eine bestimmte Berufsrichtung drängt. Vielleicht soll der Familienbetrieb übernommen werden oder die Eltern erwarten, dass ihr Kind eine bestimmte soziale Stellung erklimmt.

Mein beruflicher Rückblick

- Welchen Berufswunsch hatte ich in meiner Jugend?
- Was war das Besondere an diesem Wunsch? Welche Eigenschaften und Merkmale sprachen mich damals an?
- Wofür habe ich mich entschieden? Was mache ich heute?
- Welche der oben genannten Eigenschaften und Merkmale finde ich in meinem heutigen Job?
- Welche Eigenschaften, Merkmale oder Anforderungen vermisse ich oder habe ich aufgegeben?
- Falls ich Ansprüche aufgegeben habe, wie geht es mir damit?
- Welche neuen, interessanten Elemente beinhaltet mein aktueller Job?

Ziele finden

Falls Sie sich augenblicklich in einer beruflichen Orientierungsphase befinden, können Sie sich mit dieser Übung mehr Klarheit verschaffen.

Wichtig ist, dass Sie Ihr Ziel klar formulieren. Machen Sie sich Notizen, um Struktur in Ihre Gedanken zu bringen.

Kriterien zur Zielsetzung

- Was genau ist mein Ziel? Was will ich erreichen?
- Was motiviert mich, dieses Ziel zu erreichen? Welchen Sinn gibt mir das Ziel?
- Wie realistisch ist mein Ziel? Kann ich es mit meinen Fähigkeiten und aus eigenen Kräften erreichen?
- Wie konkret habe ich mein Ziel formuliert? Woran ist das Ziel messbar?
- Hat mein Ziel eine zeitliche Begrenzung? Gibt es feste Termine?
- Wie flexibel ist mein Ziel? Kann ich es veränderten Rahmenbedingungen anpassen?

Ein Ziel muss konkret und messbar formuliert sein. Also nicht: Ich möchte mein Englisch aufbessern. Oder: Ich möchte eine Gehaltserhöhung, sondern:

Ich möchte …

- eine monatliche Gehaltserhöhung von 300 Euro ab dem 01.12.
- eine Führungsposition mit den Kompetenzen A, B und C bis Mitte/Ende Juli nächsten Jahres;
- mein Englisch verbessern durch einen Crashkurs im Ausland von mindestens zwei Wochen im September oder Oktober;
- eine Position im Personalbereich, in der ich meine Fähigkeiten einbringen kann. Bis spätestens April. Gehalt nicht unter xy Euro;
- dreimal in der Woche vor dem Frühstück joggen (Dienstag, Donnerstag und Sonntag).

Halten Sie aber nicht starr am Ziel fest. Wenn sich Rahmenbedingungen ändern oder sich weitere Chancen auftun, sollte man schauen, wie man dies integrieren kann.

Rückschau auf den Erfolg

Neben der Vorbereitung auf ein Ziel ist die Rückschau ein wesentliches Lernelement. Fehler, die hier aus Unbedachtheit oder Unkenntnis heraus passiert sind, können beim nächsten Mal vermieden werden.

- Auf welche Erfolge, welchen besonderen Erfolg kann ich zurückblicken?
- Wie habe ich mich gefühlt, als ich am Ziel angekommen war? Was habe ich gedacht, wie habe ich reagiert?
- Wie ist es mir ergangen auf dem Weg zu meinem Ziel?
- Wer oder was hat mich auf dem Weg zu meinem Ziel motiviert und mir Kraft gegeben?
- Was war bei der Vorbereitung besonders wichtig?
- Woran hatte ich vorher überhaupt nicht gedacht?
- Wie bin ich mit unvorhergesehenen Situationen umgegangen?
- Wer hat außer mir zum Gelingen dieses Zieles ganz besonders mit beigetragen?
- Was kann ich als Lernerfahrung aus diesem Erfolg ziehen?
- Welches waren die wichtigsten Elemente, ohne die ich diese Aufgabe überhaupt nicht hätte bewältigen können?
- Welche Erfahrungswerte kann ich wie und wo in mein Leben integrieren?

Kontakt aufnehmen mit dem Unbewussten

Auf viele Fragen tragen Sie längst die Antwort in sich: in Ihrem Unbewussten. Es geht dann nur darum, die Antwort hervorzulocken. Wenn mich ein Thema, ein Problem sehr intensiv beschäftigt, ich aber einfach keine Antwort finde, mache ich Folgendes: Abends vor dem Einschlafen mache ich eine Entspannungsübung (siehe Seiten 166/167) und formuliere dann eine klare Frage, auf die ich eine ausführliche Antwort suche – also nicht nur ein knappes Ja oder Nein. Ich frage mich also nicht einfach: Soll ich den Job annehmen oder nicht? Sondern: Wieso ist gerade dieser Job für mich besonders gut geeignet? Oder: Was ist das Besondere an diesem Job? Oder: Was erwarte ich konkret von diesem Job? Stellen Sie also eine offene Frage, damit die Antwort ausführlich ausfallen kann. Auf die obige Frage kann dann beispielsweise folgende Antwort kommen: Das Besondere an diesem Job ist, dass ich dort eine hohe Eigenverantwortung habe und mit einem Team große Projekte durchführen kann. Ein weiteres Plus ist, dass meine Bedürfnisse nach Unabhängigkeit, Entscheidungsfähigkeit, einem hohen Ansehen und einem guten Gehalt erfüllt werden. Außerdem kann ich diesen Beruf gut mit meinen persönlichen Interessen und der Familie verbinden. Zumeist wird durch die offene Fragestellung ein längerer Antwortprozess in Gang gesetzt. Das Unbewusste sucht alle Argumente, warum gerade dieser Job für uns so gut geeignet ist.

Geben Sie Ihrem Unbewussten etwas Zeit, erwarten Sie keine prompten Antworten. Schicken Sie Ihre Frage ab – so, wie Sie auch eine E-Mail abschicken – und schauen Sie am nächsten Morgen nach, ob eine Antwort eingetroffen ist. Das »Briefkastenleeren« kann beispielsweise während des Duschens oder Zähneputzens erfolgen. Während Sie konzentriert mit Ihrem Körper beschäftigt sind, kann die Antwort eintreffen. Verzagen Sie aber nicht, wenn es nicht gleich beim ersten Mal funktioniert. Bei Ungeduldigen kommt die E-Mail immer etwas später!

Ich habe einmal den Sohn eines Fabrikanten kennen gelernt, der sich gegen die Wünsche seiner Eltern, den Familienbetrieb eines Tages zu übernehmen, mit allen Mitteln gesträubt hat. Er fühlte sich dieser großen Verantwortung nicht gewachsen und konnte sich nicht damit anfreunden, Hunderte von Mitarbeitern zu führen und sich mit Geschäftsplänen auseinander zu setzen. Als

Erstgeborener sollte er aber in die Fußstapfen seines Vaters treten. Seine Rebellion war heftig und ging so weit, dass er den Kontakt zu seiner Familie abbrach. Der Sohn wollte einen Job, der mit Kreativität zu tun hatte. Darum eröffnete er eine Galerie. Am Anfang waren es harte Zeiten, aber er schaffte es, seine berufliche Identität zu finden. Natürlich hätte er es als Manager im Betrieb seines Vaters einfacher gehabt und es wäre lukrativer gewesen. Aber sein Bauch sagte einfach Nein zu diesem Berufsweg.

Wer bei seiner Berufswahl merkt, dass ihm die Entscheidung Bauchschmerzen bereitet, sollte sich intensiv mit seinen Vorstellungen und Wünschen, vor allem aber mit seinen Befürchtungen und Ängsten auseinander setzten.

Einige Menschen wissen schon sehr früh, wohin ihr Weg sie führen soll. Ein Beispiel dafür ist Fabian:

Fabian ist Chirurg. Seine Mutter erzählt, dass immer, wenn das Martinshorn ertönte, das Kind ganz aufgeregt wurde. Schon als Dreijähriger äußerte er den Wunsch, einmal Arzt zu werden – er wollte Menschen helfen. Sein Studium schloss Fabian zügig ab und bekam direkt eine Stelle an einer großen Universität. Er arbeitete sehr viel. Überstunden und Nachtarbeit waren an der Tagesordnung. Als die Welle der New Economy und die damit verbundenen Möglichkeiten, viel Geld mit weniger Arbeit zu verdienen, unser Land erfasste, zweifelte Fabian, ob er den richtigen Job gewählt hatte. Er gründete daraufhin ein Unternehmen und vertrieb medizinische Geräte. Doch bereits nach knapp einem Jahr wechselte er wieder in seinen ursprünglichen Beruf zurück und fühlt sich damit sehr wohl.

Betrachten Sie nochmals Ihre Antworten zum beruflichen Rückblick auf Seite 114. Können Sie sagen, dass Sie sich so, wie es augenblicklich ist, wohlfühlen, oder gibt es etwas, das Sie dringend ändern sollten? Dann zögern Sie nicht. Nehmen Sie es in Angriff.

Der Job und die Familie

Selbstständig = selbst und ständig

Fröhlich und auch etwas geschafft kommt Matthias abends um neun oder zehn Uhr nach Hause. Seine zwei Kinder sind zu dieser Zeit bereits im Bett und schlafen tief. Das Essen hat ihm seine Frau warm gehalten, damit er wenigstens einmal am Tag eine warme Malzeit zu sich nimmt. Matthias ist 34 Jahre alt und seit drei Jahren im Veranstaltungsmanagement selbstständig – wie das Wort schon sagt: »selbst und ständig«. Das heißt für ihn: Rund um die Uhr ist er für seine Kunden erreichbar. Mit zehn Mitarbeitern plant und organisiert er die unterschiedlichsten Veranstaltungen. Läuft bei der Umsetzung einer Veranstaltung etwas schief, kann es schon mal passieren, dass sich der Kunde morgens um sechs Uhr bei Matthias auf dem Handy meldet. Dann heißt es: Schnell raus aus dem Bett und schauen, wie das Problem gelöst werden kann.

Für seine Familie nimmt sich Matthias am Wochenende Zeit – vorausgesetzt, es gibt nicht gerade eine Veranstaltung, die seine Anwesenheit erfordert. Sein Geschäftsmotto lautet: »Der Kunde ist das Wichtigste.« Danach richten sich seine Mitarbeiter genauso wie er selbst. Auch seine Familie steht hinter diesem Motto. Die Konkurrenz schläft nicht und man sollte ihr immer einen Schritt voraus sein.

Arbeiten – ist das alles?

15 Tassen Kaffee sind bei Matthias an der Tagesordnung. Mittags gibt es Fast Food – oder er geht mit einem Kunden üppig essen. Das kann man seiner Figur übrigens nicht ansehen. Freizeitinteressen oder Hobbys hat Matthias nicht. Sein Hobby ist seine Firma. Abends nach der Arbeit in der Kneipe sitzen, ist nicht sein Ding, er tüftelt lieber an der Lösung für einen Kunden. Theateraufführungen oder Konzerte haben ihn noch nie interessiert, nur ab und zu geht er mit seiner Frau oder seinen Kindern ins Kino. Im Grunde gilt sein ganzes Engagement seiner Firma. Und im Prinzip gibt es für ihn überhaupt keinen Grund, etwas an seinem Lebensstil zu verändern. Nur manchmal denkt er: Irgendetwas fehlt trotz des abwechslungsreichen Jobs. Dennoch bleibt sein Tagesablauf weiterhin der gleiche: aufstehen, ins Büro fahren, Aufgaben und Termine checken, die Post durchschauen, Unvorhergesehenes in den Tagesablauf einbauen, unendlich viele Telefonate führen und für den Kunden Ideen entwickeln. Spät am Abend kommt Matthias nach Hause, schaut noch etwas Fernsehen und geht dann ins Bett. Anders ist es nur am Wochenende, wenn er mit seinen Söhnen auf den Fußballplatz geht oder die Familie gemeinsam einen Ausflug unternimmt.

Selbstbestimmt

Matthias hatte eine Vision, als er sich selbstständig gemacht hat. Er wollte etwas erschaffen, das er bis dahin nirgends gefunden hatte: eine Arbeit, die ihn erfüllt, die ihm Spaß macht, in der er kreativ sein kann, gefordert wird und in der er vor allen Dingen selbstbestimmt Entscheidungen treffen kann.

Eigenverantwortlichkeit

Matthias wollte mit Menschen zusammenarbeiten, auf die er sich verlassen und denen er vertrauen kann, die seine Vision mittragen und die nach den gleichen Werten leben wie er. Insbesondere die Werte lagen ihm am Herzen: Seine Mitarbeiter sollten nicht einfach einen Job machen, sondern sich mit den Zielen seiner Firma identifizieren können. Er wollte Mitarbeiter, die selbstbestimmt und eigenverantwortlich arbeiten.

Ein gutes Team

Wer diesen Anforderungen nicht gewachsen war, passte nicht ins Team. Deswegen achtete Matthias bei der Auswahl seiner Mitarbeiter auf Fähigkeiten und Werte, die ein selbstbestimmtes Handeln, Engagement, Zuverlässigkeit, Offenheit, Konfliktfähigkeit und Zielorientierung erkennen ließen. Innerhalb von zweieinhalb Jahren stand sein Team. Für manchen neuen Mitarbeiter war die Arbeit eine Herausforderung: Jeder hatte seinen Part bei den Projekten, es gab keine Kontrollinstanz. Wer etwas verbeutelte, musste auch die Konsequenzen daraus ziehen.

Die Kunst der Konfliktlösung

Natürlich scheint auch in diesem Unternehmen nicht jeden Tag die Sonne. Konflikte sind bei dieser Konstellation geradezu programmiert. Die Kunst ist es jedoch, diese Konflikte nicht lange im Untergrund schwelen zu lassen, sondern sie direkt zu lösen. Dann gibt es ein kurzes Gewitter, und danach ist die Sache geklärt.

Work-Life-Balance im Alltag

Durch Bewegung fit bleiben

Sein körperliches Unbehagen löste Matthias, indem er erstens seinen immensen Kaffeekonsum einschränkte. Er trinkt inzwischen nur noch fünf Tassen Kaffee und zusätzlich mindestens ein bis zwei Liter stilles Wasser. Zweitens schaffte er einen »Bürohund«

an. Es musste ein großer Hund sein, der viel Bewegung braucht. So muss Matthias mindestens dreimal täglich eine größere Runde gehen oder auch mal mit dem Hund joggen. Der Hund ist jedoch nicht nur seiner Gesundheit zuträglich, sondern auch der Kommunikation. So ganz nebenbei kommt mal eben der eine oder andere Mitarbeiter ins Büro, nur um den Hund zu streicheln. Alle sind ganz begeistert von dem Tier und so manches Mal wird die Streichelzeit dazu benutzt, Kleinigkeiten loszuwerden oder zu besprechen.

Gemeinsames mit der Familie

Seine Arbeitszeit reduzierte Matthias, indem er mittwochs und freitags um spätestens 17 Uhr nach Hause geht. Diese Zeit nutzt er für seine Familie oder seine ganz persönlichen Interessen. Wenn er sich beispielsweise mit seinen Kindern verabredet, dann trägt er diesen Termin in seinen Terminkalender ein. Verschoben wird der nur, wenn es bei einem Kunden brennt. Muss er beim Aufbau einer Veranstaltung dabei sein, nutzt Matthias dies gelegentlich und nimmt seine Kinder mit, die das wiederum spannend finden und sich darauf freuen. Mit jedem seiner Kinder setzt er sich an einem Abend in der Woche vor dem Schlafengehen zusammen, um über Dinge zu sprechen, die sein Kind ganz besonders bewegen oder die ihm gerade wichtig sind. Mit seiner Frau geht er alle 14 Tage abends zum Essen. Sie nutzen beide diese Atmosphäre, um über die Dinge zu sprechen, die in der alltäglichen Routine schlicht untergehen. Anfänglich verschob er die Termine öfters. Nach einem halben Jahr hat er seine neue Art zu leben jedoch weitgehend in den Berufsalltag integriert.

Miteinander, nicht nebeneinander

Work-Life-Balance bedeutet nicht nur, dass wir Berufliches und Privates unter einen Hut bringen, sondern dass wir bei unseren persönlichen, privaten Interessen genauso Prioritäten setzen wie in unserem Job. Das Ziel sollte immer ein Miteinander sein, kein Nebeneinander. Beruf und Privatleben, Job und Familie. In der Realität sind die Grenzen sowieso meist fließend. Selbst derjenige, der irgendwo am Fließband arbeitet, schaltet nicht total ab. Wenn im Job ein Problem zu lösen ist, stellt unser Gehirn erst dann die Arbeit ein, wenn es eine Lösung gefunden hat. Das Gleiche gilt natürlich für persönliche, private Sorgen. Ungelöste Probleme begleiten uns bewusst oder auch unbewusst den ganzen Tag. So lange, bis sie gelöst sind. Ein Alkoholiker hat mir einmal gesagt: Sorgen können schwimmen. Also nützt es überhaupt nichts, sie im Alkohol zu ertränken. Wir können zwar unsere Sorgen kurzfristig ablegen, aber so lange sie bestehen, schwimmen sie immer wieder nach oben.

Wir brauchen Austausch mit anderen Menschen

Lassen Sie es deshalb erst gar nicht so weit kommen. Finden Sie Ihre persönliche Balance, wie Sie Beruf und Privates verbinden können. Finden Sie Gemeinsamkeiten, die Sie mit Ihrem Partner, Ihren Kindern und Freunden unternehmen können. Wir brauchen nicht nur den intellektuellen Austausch mit anderen Menschen – wir brauchen auch den emotionalen Kontakt. Wir brauchen Zeit mit anderen, um uns zu freuen, zu lachen, zu trösten oder uns trösten zu lassen, um uns aufzumuntern und zu motivieren. Wenn unser Gefühlsleben auf längere Zeit unter einem Mangel leidet, wird nicht nur die Beziehung krank, sondern auch wir. Jedesmal, wenn wir aus beruflichen Gründen einen Termin mit unseren Kindern oder dem Partner absagen oder verschieben, muss uns klar sein, welches Nachspiel daraus entsteht. Wer sich einseitig zu stark im Beruf engagiert, bei dem bleibt die Familie auf der Strecke und irgendwann auch der Job. Natürlich gibt es Phasen, in denen eine Überbewertung eines Bereiches sinnvoll oder sogar notwendig ist. Das darf nur nicht zum Dauerzustand werden. Vielleicht machen Sie an dieser Stelle noch einmal einen Rückblick ins Kapitel II und betrachten noch einmal Ihre Zeitkontingente. Welcher Bereich ist über-, welcher untergewichtig? Wo geben Sie zu viel, wo zu wenig hinein? Sprechen Sie mit Ihrem Partner, Ihren Kindern darüber. Welche Erwartungen haben sie an Sie? Sind diese unausgesprochen oder sind sie allen klar?

Ein Jahr Auszeit vom Job

Sabbatical

Vielleicht lohnt es sich auch für Sie, sich einmal mit dem Gedanken an ein Sabbatjahr auseinander zu setzen. Ein Jahr Pause machen, sich Träume erfüllen, die bisher zu kurz kamen. Bei einem Sabbatjahr nimmt man sich eine Auszeit aus dem Beruf. Ziel ist es, den Alltag hinter sich zu lassen und neue Perspektiven zu gewinnen. Man löst sich von seiner täglichen Routine, macht einmal etwas ganz anderes. Man kann Länder bereisen, um neue Eindrücke zu erhalten, neue Erfahrungen sammeln, die sowohl das berufliche wie auch das private Leben bereichern. Wer sich mit einem berufsfremden Thema beschäftigt, wird auch hier Ideen erhalten, die für Weiterentwicklungen im beruflichen Bereich hilfreich sind. Im Internet sind einige Informationen über Sabbatical zu finden. Wenn Sie sich dafür interessieren, dann schauen Sie dort nach, informieren Sie sich, ob es so etwas in Ihrem Unternehmen gibt, oder sprechen mit Menschen, die das bereits gemacht haben. Die Entscheidung dazu muss auf jeden Fall genau bedacht und geplant werden. Bei einem Sabbatical wird die Familie mit einbezogen, das heißt zum Beispiel, wenn man schulpflichtige Kinder hat, muss das gut organisiert werden. Und natürlich muß man das Jahr finanzieren. Eine Bereicherung ist diese Zeit auf jeden Fall.

Falls Sie sich ein ganzes Jahr nicht vorstellen können, überlegen Sie, ob vielleicht zwei bis drei Monate Beurlaubung möglich sind. Wenn Sie vor einem Jobwechsel stehen, lässt sich vielleicht da eine mehrmonatige Auszeit einplanen.

Kapitel IV: Soziale Beziehungen

Beziehungen sind lebenswichtig

Beziehungen zu anderen Menschen sind für uns lebenswichtig, sie sind unverzichtbar. Wir brauchen andere Menschen, um uns auszutauschen, um uns gut zu fühlen, um zu lernen und um uns weiterzuentwickeln. Deshalb ist der Bereich Beziehungen und Kontakte ein weiterer wesentlicher Faktor von Work-Life-Balance. Unsere veränderten Lebensgewohnheiten wirken sich allerdings auch auf unser Beziehungsverhalten aus. Schließlich stellen wir heute viel höhere Anforderungen an das Leben, als dies noch vor 30 Jahren der Fall war. Damals war der soziale Kreis um uns herum eher kleiner und damit auch enger. Die Menschen waren weniger mobil und auch der Job stellte nicht so hohe Anforderungen an sie wie heute. Auch das Freizeitverhalten hat sich verändert. Überlegen Sie nur einmal, wie schnell Sie heute irgendwohin verreisen können. Der Kurztrip am Wochenende nach Florenz, zwei- bis dreimal im Jahr in Urlaub fahren, Erlebnisreisen, Theater und unzählige andere Angebote, die uns tagtäglich suggerieren, dass die Erlebniswelt unerschöpflich ist. Damit bietet sich natürlich auch eine unerschöpfliche Chance, Menschen kennen zu lernen und neue Kontakte zu knüpfen. Bei nicht wenigen wächst der Stapel an Visitenkarten im Laufe der Zeit zu einem beträchtlichen Berg an. Adressbücher und Adressdateien werden immer umfangreicher. Alle Beziehungen gleich zu bedienen, mit allen Kontakt zu halten, ist schon rein zeitmäßig unrealistisch. Je weniger Zeit wir haben, desto gezielter sollten wir die Beziehungen, die wir pflegen wollen, auswählen. Für uns bedeutet das: Wir können uns nur auf die Kontakte und Beziehungen konzentrieren, die für uns von Bedeutung sind, in denen wir uns wiederfinden und wohl fühlen.

Beziehungen pflegen

Welche Möglichkeiten es gibt, gute und wichtige Beziehungen zu knüpfen und sie auch über stressige Zeiten zu pflegen, finden Sie in diesem Kapitel, und zwar sowohl für Ihren Beruf als auch für Ihr Privatleben. Außerdem finden Sie Übungen, wie Sie für sich persönlich herausfinden können, welche Beziehungen Ihnen nützen, welche Ihnen eher schaden und wie Sie sich von alten Beziehungen lösen können.

Kontakte im Business bringen Sie weiter

Veranstaltungen als Kontaktbörse

Die Treppe führt zu einem großen Raum mit Stehtischen und vielen Menschen. Männer und Frauen, alle businessmäßig dunkel gekleidet, stehen in kleinen Grüppchen zusammen und unterhalten sich. Auf den Tischen befinden sich Gläser und auf Tellern liegen Kleinigkeiten vom Büffet. Überall sieht man freundliche, lächelnde Gesichter. Es wird Smalltalk betrieben – ein ganz normales Business-Happening. Solche Veranstaltungen können als Plattform für neue Kontakte dienen. Hier lernt man neue Menschen kennen und macht gleichzeitig sich selbst bekannt. Große Unternehmen veranstalten oft solche Events, auf denen sich die Mitarbeiter verschiedener Bereiche kennen lernen können.

Interessante Menschen finden

Nicht selten helfen solche Kontakte beim Einstieg in einen neuen Job oder bei einem Wechsel innerhalb des Unternehmens. Manche Menschen haben das Kontakten gar zu ihrem Job gemacht. Nicht jedem fällt es leicht, mit anderen ins Gespräch zu kommen, doch gute Beziehungen zu haben, ist für das eigene Weiterkommen heutzutage sehr wichtig. Nur wer bekannt ist, kann weiterempfohlen werden. Man braucht jedoch ein gutes Auge, um interessante Menschen aus der Masse herauszufiltern.

Die Qualität einer Beziehung ist wichtig

Friedbert, den wir in Kapitel II kennen gelernt haben, gehört beispielsweise zu den Genies im Kontakten. Durch seine hohe Aufmerksamkeit findet er recht schnell heraus, wer als Gesprächspartner interessant sein könnte. Dabei legt er großen Wert darauf, dass beide Seiten von diesem Kontakt etwas haben und dass ihm sein Gesprächspartner sympathisch ist. Friedbert achtet außerdem darauf, dass er mit Menschen ins Gespräch kommt, von denen er etwas lernen kann, die für ihn in einem bestimmten Bereich Vorbildcharakter haben – so lernt er stets dazu und entwickelt seine Fähigkeiten weiter.

Das zeichnet eine gute Beziehung aus

Eine gute Beziehung zeichnet sich aus durch: Respekt und Wertschätzung dem anderen gegenüber, echtes Interesse an der Person, Aufmerksamkeit, auch für persönliche, private Dinge, eine vertrauensvolle Atmosphäre, Zuverlässigkeit, Offenheit, Verständnis, gemeinsame Interessen, Loyalität, Freundlichkeit und Herzlichkeit.

Die Basis einer guten und vor allem dauerhaften Geschäftsbeziehung liegt in der gegenseitigen Anerkennung und Akzeptanz. Kurze Kontakte, die nicht intensiviert werden, verlieren schnell an Farbe. Eine vertrauensvolle Beziehung kann nur über einen längerfristigen Zeitraum hinweg aufgebaut werden. Man muss sich gegenseitig näher kennen lernen, um einander wertschätzen zu können. Sie müssen wissen, was der andere für ein Mensch ist, um den Kontakt einschätzen zu können. Ist diese Beziehung gut für Sie? Was können Sie erhalten im Kontakt? Was können Sie im Gegenzug geben? Selbstverständlich bleiben viele Business-Kontakte auf einer rein geschäftlichen Ebene. Man kann nicht mit jedem eine engere Beziehung knüpfen, das lässt allein schon die Zeit nicht zu. Gerade deshalb ist es wichtig, sich immer wieder bewusst zu machen, auf welche Beziehungen man ganz besonderen Wert legt, welche in erster Linie wichtig sind. Um diese muss man sich ganz besonders kümmern, damit sie wachsen und gedeihen können.

Welche Beziehungen sind mir besonders wichtig?

Unabhängig davon, wo wir Menschen kennen lernen, ob im Zug, im Flugzeug, im Hotel, auf einer Veranstaltung oder bei einem Geschäftstermin: Je offener Sie für andere Menschen sind, umso schneller können Sie herausfinden, ob Sie auf einer Wellenlänge liegen und ob Sie und Ihr Gesprächspartner sich gegenseitig ergänzen und bereichern können. Achten Sie darauf, wo es Gelegenheiten gibt, neue Menschen kennen zu lernen, und nutzen Sie diese Chancen. Manchmal sieht man einen Menschen und hat sofort den Impuls, ihn anzusprechen. Wenn Sie diesen verspüren, sprechen Sie die Person an, vielleicht treffen Sie auf einen interessanten Gesprächspartner, der Ihnen sonst entgangen wäre. Sie merken meist schon beim Gesprächseinstieg, ob Sie auf Resonanz stoßen oder nicht. Sie können dann das Gespräch intensivieren oder abbrechen.

Jeder Kontakt kann eine gute Chance sein

Den ersten Kontakt schaffen

Vielleicht geht es Ihnen wie den meisten Menschen: Bei einer großen Veranstaltung auf fremde Menschen zuzugehen, mit ihnen ein Gespräch aufzunehmen, ist oft mehr Transpiration als Inspiration. Vielen Menschen sind Großveranstaltungen ein Gräuel, vor allem, wenn sie niemanden kennen. Wenn Sie erfolgreich sein

Kontakte auf die To-do-Liste schreiben

wollen, gehört aber gerade das Kontakten auf Ihre To-do-Liste. Die Geschäftswelt besteht nun mal ausschließlich aus Menschen. Und wer Kunden oder einen neuen Geschäftspartner gewinnen will, der kommt um das Kontakten nicht herum. Der Anfang fällt meist schwer, doch mit der Übung kommt die Praxis und Sie fühlen sich von Mal zu Mal sicherer.

Damit Ihnen das Kontakten auf Veranstaltungen künftig etwas leichter fällt, hier ein paar Tipps:

- **Ziehen Sie sich entsprechend der Veranstaltung an.** Fragen Sie nach, welche Kleidung gewünscht wird, falls Sie sich nicht ganz sicher sind. Achten Sie aber auch darauf, dass Sie sich in Ihrer Kleidung wohl fühlen.
- **Treten Sie selbstbewusst auf.** Atmen Sie vorher noch einmal tief durch. Gehen Sie gerade. Vermeiden Sie Verlegenheitslachen.
- **Schauen Sie sich nach bekannten Gesichtern um.** Wer ist schon da? Wen haben Sie bereits auf anderen Veranstaltungen getroffen? Nehmen Sie mit diesen Menschen den ersten Kontakt auf. Begrüßen Sie die Person. Sie haben so die Chance, über diesen Kontakt weitere Menschen kennen zu lernen.
- **Holen Sie sich ein Getränk oder etwas vom Büffet**. Am Büffet können Sie schon den ersten Kontakt machen. Ein leichtes Einstiegsthema ist das leckere oder ausgefallene Essen.
- **Stellen Sie sich neben eine oder zu einer Gruppe.** Hören Sie zu, über welches Thema gesprochen wird. Wenn es für Sie interessant ist, treten Sie etwas näher, sodass die anderen auf Sie aufmerksam werden. Bringen Sie sich in das Gespräch mit ein.
- **Suchen Sie sich einen interessanten Gesprächspartner.** Finden Sie aus der Gruppe die Person oder Personen heraus, die Ihnen sympathisch sind und interessant wirken. Nehmen Sie verstärkten Blickkontakt auf und konzentrieren Sie sich auf dessen/deren Aussagen.
- **Lernen Sie Ihren Gesprächspartner näher kennen.** Finden Sie mehr über ihn, seine Interessen und seine Arbeit heraus. Versuchen Sie, gemeinsame Anknüpfungspunkte auszumachen.
- **Stellen Sie sich vor.** Wenn Sie merken, dass Sie zu einem Gesprächspartner einen guten Draht gefunden haben, dann stellen

Sie sich vor. Der Zeitpunkt dafür ist abhängig von der Situation. Das kann schon eingangs geschehen oder auch erst später.
- **Tauschen Sie Visitenkarten aus.** Damit Sie weiterhin in Kontakt mit Ihrem Gesprächspartner bleiben können, tauschen Sie die Visitenkarten aus. Wenn Ihnen der Kontakt wichtig ist, sollten Sie sich in den nächsten Tagen bemerkbar machen. Vielleicht finden Sie eine interessante Information, die Sie an ihn weiterleiten können.

Auf die Intuition achten

Es kommt nicht darauf an, möglichst viele Menschen kennen zu lernen, sondern die richtigen. Das Gefühl für Menschen entwickelt sich im Laufe der Zeit. Sie spüren bald intuitiv, wen Sie ansprechen können und mit wem ein späterer Kontakt möglich wird.

Kontaktjunkies, die nur die Visitenkarten tauschen, kein echtes Interesse an einem Menschen haben und sich nicht mehr melden, können Sie getrost vergessen. Konzentrieren Sie sich auf diejenigen, von denen Sie denken, dass sie Ihnen vielleicht einmal hilfreich sein und – umgekehrt – Sie ihnen weiterhelfen könnten.

Fruchtbare Beziehungen knüpfen

Vielleicht haben Sie bei der Übung zur Zeitbalance in Kapitel II herausgefunden, dass in Ihrem Leben der Bereich Beziehungen viel zu kurz kommt. Je knapper jedoch Ihre Zeitressourcen sind, umso wichtiger ist es, dass Sie sich der Bedeutung Ihrer Beziehungen klar werden. Stellen Sie sich nach einer ersten Kontaktaufnahme folgende Fragen:

- Was mag ich an diesem Menschen?
- Was macht ihn mir sympathisch?
- Welche Qualitäten hat er?
- Wo gibt es Affinitäten, Gemeinsamkeiten zu mir?
- Was kann ich von ihm lernen?
- Wie kann er mir weiterhelfen, mich weiterbringen?
- Was hat der andere von unserer Beziehung?
- Was kann ich ihm anbieten?
- Wo kann ich den anderen weiterempfehlen?
- Wie kann ich dem anderen helfen?
- Womit können wir uns gegenseitig bereichern?
- Wofür könnte diese Beziehung gut sein?

Win-Win

Beziehungen müssen für beide Seiten fruchtbar sein. Zweifellos ist es heute nicht einfach, alle Kontakte zu pflegen. In der zweiten Lebensphase nimmt man sich meist viel mehr Zeit dafür. Man telefoniert häufig, schickt E-Mails oder geht zu Veranstaltungen, auch wenn man keine große Lust darauf hat. Man will aber dabei sein und dazugehören. In dieser Zeit bleiben viele Kontakte an der Oberfläche. Es wird erst einmal alles gesammelt, um anschließend aus diesem Fundus die Spreu vom Weizen zu trennen. Denn irgendwann ist es einfach nicht mehr möglich, eine so große Menge von Kontakten zu pflegen. Man wird im Job immer stärker gefordert, hat jetzt Familie oder möchte einfach mehr Zeit mit seinem Partner verbringen. Dies tritt häufig in der dritten Lebensphase ein. Langsam beginnt der Rückzug ins Privatleben. Die Kontakte werden automatisch reduziert. Man muss nicht jeden Abend irgendwo dabei sein. Man freut sich, nach Hause zu kommen und privaten Dingen nachzugehen: mit dem Partner etwas zu unternehmen, ins Theater zu gehen, eine Stunde im Fitnessstudio zu verbringen oder einfach nur einen schönen Spaziergang mit einer guten Freundin oder einem guten Freund zu machen. Man besinnt sich auf die wesentlichen Beziehungen und achtet mehr auf die Qualität.

Eine gute Beziehung beruht immer auf Gegenseitigkeit

Eine positive Ausstrahlung zieht Menschen an

Sabina aus Kapitel II hat schon immer viel Wert auf gute Beziehungen gelegt. Für sie ist es ganz natürlich, dem Lebensbereich Beziehungen und Kontakte einen wesentlichen Anteil ihrer Zeit zu widmen. Ihr ist ganz bewusst, wie wichtig dieses Balancehalten für ihr persönliches Wohlbefinden, aber auch ihre persönliche Entwicklung ist. Das hat Sabina sowohl bei ihrer Arbeit wie auch im Privatleben viel Positives eingebracht. Ihre Freundlichkeit und Höflichkeit, aber auch ihr fröhliches Lachen ziehen Menschen an. Andere fühlen sich in ihrer Nähe wohl. Wer einen offenen und respektvollen Umgang mit Menschen pflegt, wird auch von ihnen anerkannt und respektiert.

Ein positiver Mensch wird gerne weiterempfohlen

Natürlich sind uns manche Menschen sympathischer als andere. Aber in jedem Menschen kann man etwas Positives finden – das ist immer eine Frage der Sichtweise. Sabina waren ihre Kontakte auf ihrem Karriereweg oft hilfreich. Ihre erste Stelle als Vorstandsassistentin bekam sie durch die Empfehlung ihres Professors. Ihre beachtlichen Leistungen während des Studiums und die gute Zusammenarbeit mit dem Professor kamen ihr dabei zugute. Sowohl im Kundenkontakt wie auch gegenüber den Kollegen und Mitarbeitern war Sabina auf Freundlichkeit und Hilfsbereitschaft bedacht – und das, was sie anderen gab, erhielt sie auch wieder zurück.

Beziehungen helfen

Auch Klaus und Hendrik griffen bei ihrer Neuorientierung auf ehemalige Kontakte zurück, in der Hoffnung, der eine oder andere könne weiterhelfen. Insbesondere Klaus hat dabei eine positive Erfahrung gemacht, denn er konnte den Kontakt zu seinem Coach auffrischen. Mit dieser Hilfe fand er seinen weiteren Berufsweg.

Positiv im Gedächtnis bleiben

Man trifft sich immer zweimal im Leben

Man trifft sich immer zweimal im Leben. Das sollte man niemals vergessen. Deshalb sollte man möglichst immer im Guten scheiden, man weiß nie, wo man sich wieder trifft. Aus ehemaligen Kollegen können schnell spätere Vorgesetzte werden. Insbesondere sollte man dem Arbeitgeber eine gewisse Loyalität entgegenbringen.

Sich respektvoll verabschieden

Hendrik bedankte sich bei seinem Abschied bei jedem einzelnen Mitarbeiter persönlich mit Handschlag. So machen es viele erfolgreiche Menschen. Egal weshalb sie das Unternehmen verlassen, sie zollen den Mitarbeitern und Kollegen Respekt, mit denen sie in dieser Zeit zusammengearbeitet haben. Die letzte Geste, die letzten Worte bleiben oft am längsten im Gedächtnis – darum sollten Sie dafür sorgen, dass man sich an Sie wohlwollend und gern erinnert.

Beziehungen pflegen

Wenn man ein Samenkorn einsetzt, muss man es gießen, damit daraus eine Pflanze werden kann. Ähnlich ist es mit Kontakten: Versäumen wir es, unsere Beziehungen zu pflegen, dann sterben sie ab.

Möglichkeiten, wie Sie Ihre Beziehungen pflegen können

- Notieren Sie Geburtstage oder sonstige wichtige Daten Ihrer Kontaktpersonen in Ihrem Terminkalender.
- Schicken Sie ab und zu eine E-Mail.
- Wenn Sie eine Information haben, die für den anderen interessant sein könnte (Zeitung, Bericht, Buch, Internetseite …), dann lassen Sie ihm diese zukommen.
- Merken Sie sich, worüber Sie zuletzt mit Ihrem Gesprächspartner gesprochen haben, und fragen Sie nach, wie sich die Sache weiterentwickelt hat.
- Nehmen Sie nach einem gemeinsam besuchten Seminar oder einer Veranstaltung den Kontakt wieder auf.
- Wenn Sie dem anderen etwas zugesagt haben, dann halten Sie das auch ein.

Vertrauen entsteht, indem wir dem anderen zeigen, dass wir den Austausch mit ihm schätzen. Dies zeigen wir, indem wir einen Kontakt pflegen. Dabei erwarten wir vom anderen Zuverlässigkeit, wenn er uns etwas zusagt. Das Gleiche gilt natürlich auch umgekehrt. Wir sind schnell enttäuscht, wenn wir zwar ein gutes Gespräch mit jemandem geführt haben, dieser sich dann aber nicht mehr meldet. Natürlich geht im Alltag so manches unter. Man nimmt sich vor, demnächst anzurufen oder eine E-Mail zu schicken. Notiert man sich das nicht, geht es schnell verloren. Wer sichergehen möchte, dass seine Kontaktpflege erfolgreich ist, sollte sich deshalb auf alle Fälle Notizen machen.

Vertrauen und Zuverlässigkeit

Wie gut pflegen Sie Ihre beruflichen Kontakte? Mit der nachfolgenden Übung können Sie die Intensität Ihrer Kontakte prüfen.

Meine beruflichen Kontakte

Nehmen Sie ein großes Blatt Papier in der Größe DIN A3 oder mindestens DIN A4. Wer gar ein Flipchart-Papier oder eine Pinnwand zur Verfügung hat, sollte dies wählen. Wenn Sie mögen, verwenden Sie farbige Stifte. Sie können aber auch ein Mind-Mapping-Programm nutzen.
Stellen Sie nun grafisch Ihr Beziehungsnetz dar. Zeichnen Sie die Menschen ein, zu denen Sie in irgendeiner geschäftlichen Beziehung stehen. Sie können auch Gruppen zusammenfassen, je nachdem, wie detailliert Ihr Bild wird. Gehen Sie folgendermaßen vor:

- In die Mitte des Blattes kommt ein Kreis mit Ihrem Namen darin.
- Listen Sie nun alle Menschen auf, die Ihnen gerade einfallen und zu denen Sie in irgendeiner Beziehung stehen. Ihnen steht dafür das gesamte Blatt zur Verfügung. Positionieren Sie die Personen nahe oder weit entfernt von sich – je nachdem, wie nah oder fern Ihnen die jeweilige Person im Augenblick ist.
- Stellen Sie dar, wie intensiv diese Beziehung ist. Ein dicker Strich bedeutet »sehr intensiv«, ein dünner »weni-

ger intensiv« und eine gestrichelte Linie steht für eine unterbrochene Beziehung. Zeichnen Sie auch ein, ob die Beziehung einseitig ist oder in beide Richtungen geht.
Benutzen Sie folgende Symbole:

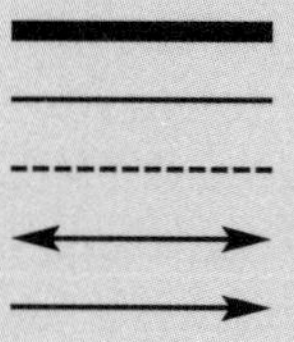

Intensiv
weniger intensiv
unterbrochen
beidseitig
einseitig

Eine Beziehung kann auch von einer Seite intensiv empfunden werden, von der anderen Seite als unterbrochen. Das stellen Sie folgendermaßen dar:

Mit einem + , – oder ? können Sie die Qualität der Beziehung beschreiben. Ist sie gut (+), eher schlecht (–) oder können Sie sie gar nicht einordnen (?)?
Schreiben Sie nun neben jede Person die Merkmale der Beziehung auf. Worauf beruht diese Beziehung? Welche Werte finde ich in ihr? Wie nutzt mir diese Beziehung? Welchen Nutzen hat wiederum der andere durch mich?

Ihr Bild könnte so aussehen:

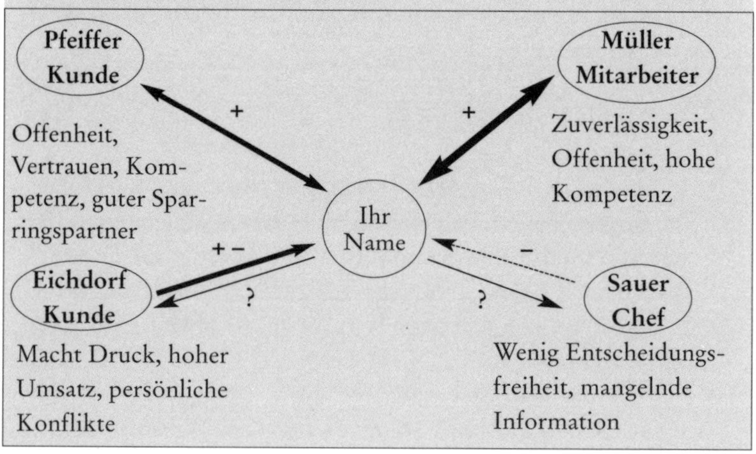

Betrachten Sie nun Ihr Bild und stellen Sie sich folgende Fragen:

- Welche Assoziationen habe ich, wenn ich das Gesamtbild betrachte? Woran erinnert es mich?
- Wie wirkt das Bild gefühlsmäßig auf mich? Was löst es in mir aus?
- Was fällt mir ganz besonders auf?
- Welche Beziehungen sind nah, welche fern? Warum?
- Welche Beziehungen befinden sich in einem ausgewogenen Verhältnis, welche nicht?
- Welche Beziehungen bereichern mich, welche behindern mich?
- Welche Beziehungen sind mir ganz besonders wichtig? Weshalb?
- Bei welchen Beziehungen müsste ich etwas ändern? Was konkret möchte ich verändern?
- Welche Menschen habe ich vergessen? Weshalb?
- Wen habe ich ganz gezielt nicht mit aufgenommen? Weshalb?

Weitere Fragen können Ihre Überlegungen intensivieren:

- Wie stelle ich mich individuell auf die einzelnen Beziehungspartner ein?
- Kenne ich die Erwartungen und Wünsche des anderen? Haben wir darüber gesprochen?
- Was kann ich tun, um eine Beziehung zu verändern?
- Was hält mich in einer bestimmten Beziehung?
- Möchte ich eine Beziehung abbrechen? Warum tue ich es nicht?
- Wie kann ich mich in einer Beziehung besser abgrenzen?
- Was kann der Sinn einer unbefriedigenden Beziehung sein?
- Welche Beziehung habe ich vernachlässigt? Wie?
- Welche Beziehung möchte ich wieder auffrischen? Wie kann ich das tun?

Durch das Aufzeichnen Ihres Beziehungsnetzes erkennen Sie sehr rasch, in welche Kontakte Sie viel oder wenig Energie investieren. Machen Sie sich Notizen, was Sie konkret für die einzelnen Beziehungen tun wollen: abbrechen, intensivieren, klären oder was auch immer. Setzen Sie sich jeweils Termine, wann und wie Sie den Kontakt ändern wollen.

Einen Kontakt wieder aufnehmen

Manchmal klappt es einfach nicht. Man hat sich zwar vorgenommen, sich bald mal wieder zu melden, aber der Alltag frisst einen auf. So mancher Kontakt, den man gerne weiter pflegen würde, verflüchtigt sich, ohne dass man es eigentlich will. Wie also diesen Kontakt wieder herstellen?

Die Initiative ergreifen

Am besten ist es, Sie finden einen Anknüpfungspunkt zum letzten Gespräch: vielleicht ein aktuelles Thema oder ein besonderes Ereignis, das irgendwie mit Vergangenem zusammenhängt. Es empfiehlt sich außerdem, die betreffende Person anzurufen. Sicher, Sie können auch eine E-Mail schicken, doch wenn der Kontakt schon länger unterbrochen war, ist ein Gespräch einfach persönlicher. Seien Sie auch nicht eingeschnappt, weil der andere sich nicht gemeldet hat, vielleicht ging es ihm wie Ihnen. Setzen Sie den Kontakt auf Ihre Telefonliste, damit das Gespräch nicht wieder im Alltagsgeschäft untergeht. Die Intervalle der Kontaktpflege können unterschiedlich sein: Sie können sich alle sechs bis acht Wochen melden oder im Abstand von mehreren Monaten. Werden Kontakte jedoch länger als ein Jahr nicht mehr aktiviert, flachen sie automatisch ab. Schicken Sie lieber zwischendurch mal eine kurze E-Mail, als nichts zu tun.

Netzwerke bilden und nutzen

Sich mit anderen austauschen

Netzwerke sind heute unverzichtbar. Wer sich mit anderen Menschen zusammentut, kann viele Aufgaben leichter erledigen als allein. Nicht umsonst wird Teamarbeit in Unternehmen groß geschrieben. Was für das Team im Unternehmen gilt, trifft auch auf den Einzelnen zu. Je mehr Menschen zusammenkommen, umso mehr Know-how entwickelt sich daraus.

Kontaktbörse

Wozu kann ein Netzwerk dienen? Es dient als Plattform zum Austausch von Erfahrungen, man kann dort Gleichgesinnte treffen, findet fachlichen Rat oder spezielles Know-how, kann eigenes Know-how weitergeben. Ein Netzwerk vermag als Weiterbildungsforum zu dienen, man findet dort Vorbilder, an denen man sich orientieren kann, und es kann als Kontaktbörse für die Karriere dienen.

Wenn Sie an einem speziellen Netzwerk interessiert sind, dann suchen Sie im Internet. Dort finden Sie eine Vielzahl von Netzwerken, denen Sie sich anschließen können.

Das persönliche Netzwerk

Andererseits können Sie aber auch Ihr eigenes, ganz persönliches Netzwerk schaffen und Kontakte, über die Sie verfügen, an andere weitergeben – natürlich erst, wenn Sie vorher gefragt haben, ob das in Ordnung ist. Je größer Ihr persönliches Netzwerk ist, umso weiter wird auch Ihr Name gereicht. Durch diese ganz individuellen Netzwerke lernen sich Menschen kennen, die sich wahrscheinlich sonst nirgendwo begegnet wären. Friedbert hat im Laufe von über 20 Jahren Kontakte über den ganzen Erdball geknüpft. Jeder seiner Kontaktpartner weiß dies. Sucht jemand beispielsweise Hilfe in einem bestimmten Land, ruft er Friedbert an, um nach seinen dortigen Kontaktpersonen zu fragen. Aber auch, wenn es um einen neuen Job oder ein Thema geht, für das jemand einen Experten sucht, wird er kontaktiert. So viele Kontakte zu halten bedeutet natürlich Zeitaufwand. Es lohnt sich jedoch, weil man stets auch etwas zurückerhält.

Wenn Sie jemanden kennen lernen, dann überlegen Sie, für wen in Ihrem Kreis dieser Kontakt noch interessant sein könnte. Weisen Sie auf diesen Kontakt hin und geben Sie ihn weiter, soweit ein Interesse besteht. Fragen Sie sich:

- Zu welchen Personen habe ich Kontakt?
- In welchen Bereichen sind sie tätig?
- Welche speziellen Fähigkeiten besitzen sie?
- Wem könnten diese Fähigkeiten nutzen?
- Wer hätte etwas von einem Kontakt mit diesem Menschen?

Wünschen Sie selbst einen solchen Kontakt, scheuen Sie sich nicht, bei Ihrem Gesprächspartner danach zu fragen, oder erlauben Sie dem anderen, Sie selbst weiterzuempfehlen.

Einen Mentor finden

Der Mentor als Coach

Mit Hilfe eines Mentors überwinden Sie viele berufliche Hürden. Ein Mentor kann eine Frau oder ein Mann in einer sehr guten Position sein, der gemeinsam mit Ihnen Ihre Ziele und die Wege dahin bespricht. Er ist eine Art Coach, den Sie jedoch nicht bezahlen. Ein Mentor macht seine Aufgabe aus dem Interesse heraus, einem anderen Menschen mit Rat und Tat zur Verfügung zu stehen.

Ein Mentor fördert den Mentee ganz individuell. Er gibt seine Erfahrung weiter, damit der Mentee den letzten noch fehlenden Kick für seine Karriere bekommt.

Einen Mentor findet man eventuell im eigenen Unternehmen oder über persönliche Kontakte. Am Anfang der Beziehung zwischen Mentor und Mentee werden Spielregeln verabredet, damit beide sich einig sind, wo es hingehen, wie lange der Prozess insgesamt dauern soll, wie oft man sich treffen und wie man miteinander umgehen will. Voraussetzung für ein erfolgreiches Mentoring ist eine vertrauensvolle Beziehung. Falls Sie sich für ein Mentoring-Programm interessieren, schauen Sie sich in Ihrer Firma um, ob dort so etwas angeboten wird und welche Kriterien Voraussetzung für eine Aufnahme sind.

Einen Mentor finden

Sie können sich aber auch selbst einen Mentor suchen. Schauen Sie im Internet und in Fachzeitschriften nach oder fragen Sie direkt eine ganz bestimmte Person, ob sie sich als Mentor für Sie zur Verfügung stellen würde. Es gibt auch Stiftungen, die Mentorenschaften vermitteln. Einige große Firmen führen Cross-Mentoring-Programme durch. Hierbei stammen Mentor und Mentee aus zwei verschiedenen Unternehmen.

Selma, heute Journalistin, hat schon früh einen Mentor gefunden. Ihr Vater bestand in ihrer Jugendzeit darauf, dass sie eine Lehre machte. Sie würde ja sowieso bald heiraten und Kinder bekommen. Ihre Lehre begann sie in einem Textilunternehmen. Dort er-

kannte der Chef schnell, dass mehr in ihr steckte, und führte ein Gespräch mit dem Vater, dass er seine Tochter doch studieren lassen solle. Heute arbeitet sie als erfolgreiche Journalistin. In jedem Lebensabschnitt fand Selma einen Mentor, der sie wieder ein Stück weiterbrachte.

Wenn Sie daran interessiert sind, einen Mentor zu finden, helfen Ihnen folgende Fragen weiter:

- Wofür könnte ein Mentor nützlich sein?
- Wen kenne ich persönlich, den ich gerne als Mentor hätte?
- Oder kennt ein Dritter eine Person, die ich gerne als Mentor hätte?
- Welche Mentoring-Programme bietet mein Unternehmen an?
- Welche Anforderungen werden an Mitarbeiter gestellt, die sich für dieses Programm interessieren?
- Was qualifiziert mich, an einem solchen Programm teilzunehmen?

Entwicklungssprünge

Haben Sie einen geeigneten Mentor gefunden, machen Sie sich bewusst, dass Sie damit Vereinbarungen treffen, an die Sie sich während eines bestimmten Zeitraums halten müssen. Ihre persönliche Entwicklung wird in dieser Zeit einen großen Sprung machen. Denken Sie darum daran, die Menschen, die Ihnen eng verbunden sind, mit einzubeziehen.

Private Beziehungen und Kontakte

Gemeinsam Kraft schöpfen

Nach einem langen Marsch kamen die neun Männer erschöpft, aber strahlend und glücklich auf der Almhütte hoch in den Bergen an. Endlich war es wieder so weit. Einmal im Jahr trifft sich diese Männergesellschaft zu einem verlängerten Wochenende. Vier Tage, in denen sie mit sich und der Natur alleine sind. Vor vielen Jahren hat sich die Gruppe gefunden. Die Männer sind inzwischen in der dritten und vierten Lebensphase, mit oder ohne Familie, aber jeder mit einem Job, der hohe Anforderungen an ihn stellt und der ihn mit viel Einsatz und Engagement ausfüllt. Einmal im Jahr nehmen sie sich diese Auszeit, um wieder Kraft zu schöpfen und sich auf das Wichtige im Leben zu besinnen.

Auf diese vier Tage möchte mittlerweile auch keiner mehr verzichten. Als Termin haben sie für Jahre im Voraus das erste Wochenende im September festgelegt; somit kann jeder schon früh seine anderen Termine danach ausrichten. Die Männer leben auf der Hütte in einfachsten Verhältnissen, abgeschnitten von der Zivilisation, sprechen über Gott und die Welt, ihren Job und das Leben. Sie bewegen sich viel an der frischen Luft, wandern, klettern und genießen die Vertrautheit und Offenheit im Umgang miteinander. Nach diesem Wochenende steigen alle frisch gestärkt und voller Energie den Berg wieder hinunter.

Wertvolle Freunde

Diese Gruppe erfolgreicher Männer spricht nicht über Work-Life-Balance, sie lebt sie. Sie finden Wege, wie sie trotz hoher und höchster Anforderungen sich einmal im Jahr treffen und gemeinsam eine Auszeit nehmen können. Für Klaus ist der Kontakt zu den Freunden von großer Bedeutung. Das Abschalten, Nachdenken und Auftanken eröffnet ihm immer wieder Ressourcen. Wie wichtig das für das körperliche, geistige und seelische Gleichgewicht ist, zeigt sich darin, dass der Einzelne alles daransetzt, diesen Termin auch tatsächlich wahrzunehmen. Je höher die neun Männer den Berg hinaufsteigen, umso mehr lassen sie den Alltag mit all seinen Ansprüchen und Gewohnheiten hinter sich. Oben angekommen, sind sie nur noch sie selbst. Ganz wichtig ist, dass sie sich alle gut verstehen. Sie passen einfach zusammen. Nur so kann diese Zeit für alle fruchtbar sein. Natürlich gibt es Wettbewerbe: Wer besitzt die bessere Kondition, wer hat sein Trainingsprogramm im Laufe des Jahres am effektivsten absolviert? Aber das sind Wettbewerbe, die Spaß machen, die als Ansporn dienen und bei denen es nur Gewinner gibt. Wenn die neun Männer dann wieder zurückkommen, fühlen sie sich stark und ausgeglichen. Die intensive Zeit mit den Freunden hat sie wieder leistungsfähig gemacht.

Es gibt Männerfreundschaften und Frauenfreundschaften

Männer sind anders …

Gute Freundschaften geben viel Kraft und Energie. Sie sind zugleich Inspiration, Freude und Gemeinschaft. Wenn Männer unterwegs sind, findet selbst im Kleinen immer wieder ein Wettbewerb statt. Hendrik, der viel Wert auf körperliche Fitness legt, steht mit seinen Freunden beim gemeinsamen Sport im Wettbewerb. Wie er sind seine Freunde voll im Beruf eingespannt und nutzen manchmal die Wochenenden für eine Fahrradtour. Dabei geben sie alles: Jeder holt das Letzte aus sich heraus und versucht, etwas schneller als der andere zu sein. Der Schweiß kann ruhig in Strömen laufen. Gegenseitig treiben sie sich zu Bestleistungen an. Im Winter trifft sich Hendrik mit seinen Freunden regelmäßig zum Eishockey-Training. Im Sommer geht es dann zum Inlineskaten in die Großstadt. Auch Hendrik und seine Freunde sind in der dritten und vierten Lebensphase. Sie alle können auf die gemeinsamen Unternehmungen nicht verzichten. Dabei ist es insbesondere die gute Gemeinschaft, das gegenseitige Verständnis, aber auch die Wettbewerbsorientierung, die sie zusammenhält. Und für alle ist es wichtig, dass sie gesund und leistungsfähig sind und dies auch bleiben wollen.

… Frauen auch

Für die meisten Frauen ist das gemeinsame Gespräch wichtiger als der Wettbewerb. Man unterhält sich über den Job, die Freundin, den Partner, die Kinder, Mode und vieles mehr. Darüber können manche Männer nur den Kopf schütteln. Aber das ist es nun mal, was Frauen und Männer unterscheidet: Frauen suchen Gemeinsamkeiten, sie tauschen sich gerne aus über die unterschiedlichsten Themen. Sie relaxen, indem sie sich die Köpfe heiß reden, ins Kino oder zum Essen gehen oder sich für ein Wochenende in ein Wellnesshotel einnisten. Frauen finden ihre Balance in anderen Bereichen als Männer.

Die Beziehung zum Partner

Franziska kommt abends meist gegen sechs vom Büro nach Hause. Der Einkauf wird in die Küche gestellt und die Spülmaschine ausgeräumt. Die Wäsche zum Bügeln liegt schon seit ein paar Tagen bereit und schreit danach, endlich erledigt zu werden. Aber Franziska packt erst einmal ihre Sporttasche und fährt ins Fitnessstudio. Hier tobt sie sich für zwei Stunden richtig aus, lässt den Stress abfallen und tankt dabei neue Energie.

Persönliche Interessen wahrnehmen

Franziska arbeitet als Projektleiterin bei einem mittelständischen Unternehmen. Seit über sechs Jahren lebt sie mit Paul zusammen. Paul kommt oft erst sehr viel später nach Hause, da er als Anwalt in einer großen Kanzlei arbeitet und Überstunden einfach dazugehören. Hinzu kommt, dass er viel ins Ausland reist. Franziska geht dreimal in der Woche ins Fitnessstudio – da gibt es keine Ausnahmen. Die körperliche Betätigung braucht sie als Ausgleich zu ihrem anstrengenden Job. An den anderen Abenden trifft sie sich mit Freundinnen oder bleibt zu Hause, liest ein Buch oder hört Musik. Intensive Gespräche können Franziska und Paul während der Woche nur selten führen. Wenn Paul vom Büro nach Hause kommt, ist er meist erschöpft, und Franziska geht früh ins Bett, damit sie morgens um sechs Uhr wieder fit ist.

Fixtermine einplanen

Franziska und Paul versuchen, trotz ihrer anstrengenden Jobs, ihr Privatleben ausgeglichen und interessant zu gestalten. Paul joggt morgens vor dem Büro eine halbe Stunde, da seine Arbeitszeit hauptsächlich in den Abend fällt. Beide sind kulturell interessiert, gehen gern in Ausstellungen, zu Konzerten oder ins Theater. Franziska und Paul haben sich für ein Konzertabonnement entschieden, obwohl sie von den fünf Konzerten manchmal nur drei oder vier besuchen können. Dennoch buchen sie es jedes Jahr aufs Neue. Sie wissen, wenn sie das nicht tun, würden sie wahrscheinlich nicht einmal drei Termine wahrnehmen. Sie legen sich deshalb fest, damit es für sie zu einer Art Verpflichtung wird und sie die Bequemlichkeit nicht übermannt. Wie oft nimmt man sich vor, ins Theater oder Konzert zu gehen, und macht es dann doch nicht. Wer sich jedoch wie Franziska und Paul durch ein Abonnement verpflichtet, überlegt sich, ob er das bezahlte Geld einfach verfallen lässt.

Konkrete Verabredungen treffen

Sie kennen das sicher auch: Sie haben sich zwar einiges vorgenommen, realisieren es jedoch nicht. Treffen Sie in Zukunft lieber konkrete Vereinbarungen, machen Sie feste Termine, an denen Sie alleine oder gemeinsam mit einem anderen Menschen etwas unternehmen wollen. Tragen Sie diese Termine in Ihren Kalender ein. Wer seine privaten Termine genauso ernst nimmt wie seine geschäftlichen, wird feststellen, dass er doch mehr verwirklichen kann, als er gedacht hatte. Wenn Partner oder Freunde immer wieder zu kurz kommen, leidet die Beziehung. Finden Sie mit der Übung auf Seite 154 heraus, welche Wünsche Sie an Ihren Partner haben und welches seine Bedürfnisse in Ihrer Beziehung sind. In manchen Partnerschaften trifft man sich nur selten. Der eine ist vielleicht im Außendienst tätig und kommt nur am Wochenende nach Hause. Planen Sie deshalb Zeit füreinander ein. Legen Sie den Zeitpunkt konkret fest: an welchem Tag, zu welcher Stunde, wie lange und was Sie gemeinsam unternehmen wollen. Gehen Sie mindestens einmal im Monat mit Ihrem Partner in ein nettes Lokal zum Essen. Oder machen Sie jeden Sonntag einen gemeinsamen Spaziergang.

Die Beziehung zu den Kindern

Kinder brauchen uns

Wenn Sie Kinder haben, dann wissen Sie, wie schwierig es ist, Beruf, persönliche Interessen und die Bedürfnisse der Kinder unter einen Hut zu bekommen. Kinder brauchen unsere Aufmerksamkeit, sie brauchen unsere Wärme, Geborgenheit und Unterstützung auf ihrem Weg durch die Kindheit und Jugend. Bis sie flügge sind und ihren Weg gefunden haben, tragen wir einen wesentlichen Teil zu ihrer Entwicklung bei. Nicht wenige Eltern oder Elternteile befinden sich jedoch in einer Zwickmühle. Auf der einen Seite möchten sie arbeiten, vielleicht sogar Karriere machen, auf der anderen Seite müssen sie sich mit Alltäglichkeiten beschäftigen, die oft sehr lästig sind: Wer Kinder hat, muss mehr putzen, mehr bügeln, mehr waschen und mehr kochen. Kaum hat man das Zimmer aufgeräumt, sieht es ein paar Minuten später wieder genauso aus wie vorher. Hendrik fragt abends nicht selten, warum es denn so fürchterlich durcheinander aussehe im Haus. Es seien doch genügend Leute da zum Aufräumen: das Aupairmädchen, die Partnerin, die Kinder selbst. Dass Aufräumen bei Kindern jedoch meist ein sinnloses Unterfangen ist, kann er manchmal nicht nachvollziehen.

Eine gute Organisation ist wichtig!

Diesen Spagat schafft man oft nur mit der Unterstützung anderer: Partner, Großeltern, Freunde, Kinderfrau, Aupairmädchen, Haushaltshilfe, Reinigungskraft … Gerade wer unter der Doppelbelastung Beruf und Familie steht, braucht neben einer optimalen Betreuung auch eine gute Organisation des Tagesablaufs. Schaffen Sie sich hier ein Netzwerk, bei dem Sie Unterstützung finden. Auch wenn es etwas Geld kostet: Überlegen Sie sich, ob es nicht besser wäre, alle 14 Tage eine Reinigungskraft kommen zu lassen. Sie werden sehen, dass dies bereits eine erste große Entlastung bedeutet. Gehen Sie einmal in der Woche zum Großeinkauf und besorgen Sie sich die frischen Sachen zwischendurch. Versuchen Sie, Zeit zu gewinnen, fragen Sie sich: Welche Aufgaben kann ich abgeben, an wen? Was könnte ich ganz sein lassen? Was muss ich anders organisieren? Wenn Sie ältere Kinder haben, die noch bei Ihnen leben, dann übergeben Sie ihnen die Verantwortung für eigene Dinge. Beteiligen Sie sie an den Gemeinschaftsaufgaben der Familie. Sprechen Sie gemeinsam ab, wer was wann macht.

Zeit und Aufmerksamkeit schenken

Finden Sie heraus, welche Bedürfnisse Ihre Kinder haben. Was brauchen sie an Aufmerksamkeit und Zuwendung? Wie können Sie ihnen diese geben? Auch wenn oft geschrieben wird, es sei nicht wichtig, wie viel Zeit man mit seinen Kindern verbringe, wichtig sei allein die Intensität: Meine Erfahrungen sind da anders. Kinder brauchen *auch* Zeit. Quengelige, aggressive oder unzufriedene Kinder signalisieren uns oft, dass wir uns zu wenig mit ihnen beschäftigen. Wir Erwachsene vergessen manchmal, dass Kinder ihre eigenen Denkstrukturen haben, die mit unseren nicht vergleichbar sind. Sie sind ja erst im Begriff, die Welt und ihre Funktionsweise zu verstehen. Kinder reagieren auch emotional ganz direkt – sie lernen erst durch Erfahrungen, wie sie ihre Emotionen steuern können. Sie sind nun mal keine Erwachsene. Und je kleiner sie sind, umso weniger können sie ihre Bedürfnisse verbal äußern. Für uns ist das eine Herausforderung: zu entdecken, was mein Kind für Bedürfnisse hat, was ihm wichtig ist an der Beziehung zu mir, was mein Kind bewegt. Bis wir das (immer wieder aufs Neue) eingeschätzt bzw. herausgefunden haben, braucht es einfach Zeit. Scheuen Sie sich auch nicht, eine Beratung in Anspruch zu nehmen. Manchmal weiß man einfach nicht, wie man ein Problem lösen kann. Eine erfahrene Person vermag uns in solchen Situationen eine wertvolle Hilfe zu sein.

Professionelle Unterstützung finden

So können Sie sich Ihren Alltag mit Kindern gestalten:

- Hüten Sie sich vor Perfektionismus. Lassen Sie Aufgaben/Dinge liegen, die nicht unbedingt (jetzt) erledigt werden müssen.
- Delegieren Sie die Dinge, die Sie nicht wirklich selbst machen müssen: Putzen, Bügeln, Einkaufen.
- Bringen Sie den anderen bei, dass sie für ihre Dinge selbst verantwortlich sind.
- Stellen Sie Regeln in der Familie auf. Wer ist wofür zuständig?
- Nehmen Sie Unterstützung von anderen an.
- Teilen Sie die Aufgaben mit Ihrem Partner und den Kindern.
- Nehmen Sie sich genügend Zeit, die Sie mit Ihren Kindern verbringen können.
- Entschuldigen Sie sich nicht bei Ihren Besuchern, weil Sie nicht aufgeräumt haben.
- Suchen Sie sich einen Freund, eine Freundin, mit der Sie sich austauschen können.

- Denken Sie an Ihre persönlichen Interessen. Finden Sie Zeiten, in denen Sie denen nachgehen können.
- Fragen Sie nach Kinderbetreuung am Ort oder besorgen Sie sich ein Aupairmädchen, damit Sie entlastet sind.
- Schaffen Sie sich ein gutes soziales Netz mit Freunden, mit denen Sie sich in der Kinderbetreuung abwechseln können.

Was könnten Sie bei Ihren Arbeitsgewohnheiten im Haushalt, beim Einkaufen usw. sonst noch ändern? Wer könnte Sie noch zusätzlich entlasten? Wie? Wo halten Sie an gewohnten Ritualen und Einstellungen fest?

Stellen Sie sich vor, Sie würden an Ihrem persönlichen Verhalten, in Ihrer Organisation das verändern, was Ihnen zu den obigen Fragen eingefallen ist. Wie würde sich das auf Ihr persönliches und das Wohl Ihrer Kinder sowie Ihrer Partnerschaft auswirken? Setzen Sie sich klare Ziele für die nächsten zwei bis drei Monate. Achten Sie darauf, wie sich die Beziehung zu Ihren Kindern verändert. Lassen Sie sich aber auf jeden Fall Zeit für diese Veränderungen. Je länger die alten Verhaltensweisen schon praktiziert werden, umso mehr Zeit müssen Sie sich und den anderen für die Umstellung geben. Nutzen Sie auch die Übung auf Seite 154. (Meine Bedürfnisse – deine Bedürfnisse)

Beziehungsmanagement

Balance in unseren Beziehungen

Was ist mir wichtig?

Ob in einer Partnerschaft, als Single oder mit Familie: Wer die Balance zwischen Beruf und Privatleben finden will, muss auch im sozialen Bereich wissen, was für ihn wichtig ist. Zu welchen Menschen wünsche ich mir eine Beziehung? Welche Aspekte sind für mich in dieser Beziehung besonders wichtig? Ist das jemand, mit dem ich ins Theater, Kino oder zum Sport gehen kann? Wer seine kulturellen, sportlichen und persönlichen Interessen nicht immer auf morgen verschieben möchte, muss jetzt etwas dafür tun. Es ist keine gute Sache, stets zu sagen: Wenn ich einmal Zeit habe, dann mache ich das und das mit dem oder dem. *Jetzt* ist die Zeit, das zu tun, was man tun möchte. Finden Sie heraus, was Sie gerne täten, und mit wem. Wollen Sie sich sportlich betätigen oder öfter ins Theater oder Kino gehen? Dann verschieben Sie Verabredungen nicht immer auf morgen. Wenn Ihnen etwas an einer Beziehung liegt, dann tun Sie *jetzt* etwas dafür. Verabreden Sie Termine, die Sie realistischerweise einhalten können, weil Sie eine Vorstellung davon haben, wie Ihr Tag verlaufen wird.

Gemeinsame Unternehmungen

Damit eine persönliche Beziehung fruchtbar wird und bleibt, muss man etwas tun. Dabei unterscheiden wir zwischen Partner und Familie, dem engen Freundeskreis, dem erweiterten Freundeskreis und dem Bekanntenkreis. Jeder Kreis hat dabei seine speziellen Eigenschaften. Je vertrauensvoller und enger eine Beziehung ist, umso offener und ehrlicher verhalten wir uns.

Der engste Freundeskreis

Der engste Freundeskreis umfasst meist nicht mehr als eine Hand voll Menschen. Mit ihnen haben wir eine Vertrautheit erreicht, in der wir uns so geben können, wie wir tatsächlich sind. Innerhalb dieses kleinen Kreises gibt es vielleicht ein oder zwei Personen, von denen wir sagen können, dass wir immer auf sie zählen können, egal was passiert.

Im weiteren Freundeskreis finden wir Menschen, mit denen

wir bestimmte Interessen teilen. Das sind Freunde aus dem Verein oder Sportstudio, mit denen man sich öfter zu Unternehmungen trifft: ob zum Joggen, zum Essengehen, Radfahren oder um ins Theater zu gehen. Bei Geburtstagen und Feiern wählen wir aus, wen wir davon einladen möchten. Bei diesen Beziehungen stehen hauptsächlich die gemeinsamen Interessen im Vordergrund. Ein engerer persönlicher Kontakt kann sich zwar daraus entwickeln, muss aber nicht. In einer solchen Beziehung kehrt man sein Inneres selten nach außen. Man mag sich, lässt den anderen aber nicht zu nahe an sich heran. Dadurch entsteht eine gewisse Oberflächlichkeit, die aber akzeptiert wird, da ein gemeinsamer Nenner gefunden wurde. Diese Kontakte brechen meistens ab, wenn sich die Interessenlage verändert oder man zu wenig Zeit in die gemeinsamen Unternehmungen steckt. In unserem erweiterten Freundeskreis finden wir vielleicht zehn bis 15 Menschen.

Der erweiterte Freundeskreis

Der Bekanntenkreis umfasst die Menschen, die man auf irgendeine Art und Weise privat oder geschäftlich kennen gelernt hat. Sie stehen in unserem Telefonbuch, und wenn wir Lust haben, dann rufen wir an, um zu fragen, wie es denn so geht. Diese Kontakte sind relativ lose, können aber zu bestimmten Zeiten auch wieder enger werden, wenn man diese Bekanntschaften nutzen möchte; beispielsweise wenn man in eine andere Stadt zieht, einen neuen Job sucht oder jemanden mit einem bestimmten Knowhow braucht, dann nimmt man den Kontakt wieder auf. Dieser Kreis kann deshalb auch relativ groß sein.

Der Bekanntenkreis

Ein Single braucht Kontakte

Wer alleine lebt, muss sich um seine Kontakte kümmern. So auch Sabina, die Sie bereits kennen gelernt haben.

Sabina hat den Vorteil, dass sie sehr kontaktfreudig ist. Ihr ist aber auch klar, dass sie aktiv sein muss, wenn sie mit jemandem etwas unternehmen möchte. Zu Hause sitzen und warten, das ist gefährlich. Natürlich rufen die anderen auch an, aber wenn sie sich selbst eine Zeit lang nicht mehr meldet, dann versiegen die Anrufe. Da auch Sabina im Job oft sehr eingespannt ist, fällt es ihr nicht immer leicht, die Zeit und die Kraft aufzubringen, schnell

Man muss aktiv sein. Kontakte besonders gut pflegen

mal anzurufen. Doch sie weiß, dass die Gefahr, in die Einsamkeit abzurutschen, groß ist, und bleibt deshalb auch dran. Sabina sind langfristige Beziehungen lieber, da dort meist eine breite Vertrauensbasis herrscht, die Gespräche intensiver sind und man über Probleme sprechen kann. Auch wenn sich die familiäre Situation im Freundeskreis verändert, behält Sabina die guten Kontakte weiterhin bei. Die Beziehungen sind dann zwar nicht mehr so intensiv, aber sie bleiben fast immer bestehen. Da sie beruflich in verschiedenen Städten gelebt hat, hält sie auch diese Kontakte weiterhin, denn sie weiß ja nie, wohin es sie eines Tages beruflich noch einmal verschlagen wird. Damit diese Freundschaften bestehen bleiben, legt Sabina großen Wert auf die Pflege. Sie greift auch mal zum Telefon, wenn sie eigentlich schon zu müde ist. Im Nachhinein ist sie meist froh über die guten Gespräche, die daraus entstanden sind.

Wenn Sie Single sind, dann sollten Sie besonders darauf achten, Ihre Kontakte zu pflegen:

- Warten Sie nicht, bis Sie angerufen werden, greifen Sie von sich aus zum Telefonhörer.
- Finden Sie Menschen, mit denen Sie gemeinsame Dinge unternehmen können: spazieren gehen, schwimmen, joggen, malen oder anderes.
- Gehen Sie auch alleine weg. Besuchen Sie In-Lokale, Ausstellungen, Vernissagen, Konzerte oder gehen Sie ins Theater.
- Knüpfen Sie auch beruflich Kontakte, die sich vielleicht bis in das Private ausdehnen können.
- Schicken Sie zu Geburtstagen und Feiertagen eine Karte oder eine E-Mail.
- Laden Sie Ihre Freunde öfter zum gemeinsamen Kochen und gemütlichen Essen ein.
- Sprechen Sie Menschen an, die Ihnen sympathisch sind. An der Supermarktkasse, in der U-Bahn, vorm Kino. Oder flirten Sie im Stau.
- Nehmen Sie private Einladungen von Freunden an.
- Schauen Sie öfter mal Ihr Telefonbuch durch: Wen haben Sie schon lange nicht mehr gesehen oder mit wem nicht mehr telefoniert?

Mein Freundes- und Bekanntenkreis

Um sich über Ihre Beziehungen im privaten Bereich einen Überblick zu verschaffen, können Sie die gleiche Übung machen wie für die Geschäftskontakte. Nehmen Sie ein Blatt Papier, setzen Sie Ihren Namen in die Mitte und zeichnen Sie nun Ihren engeren und weiteren Freundes- beziehungsweise Bekanntenkreis ein.
Stellen Sie sich die gleichen Fragen wie auf Seite 135. Gehen Sie danach weiter und überlegen Sie:

- Welche Menschen gehören zu meinem engeren Freundeskreis?
- Welche zu dem erweiterten Freundeskreis?
- Welche Menschen zählen zu meinem Bekanntenkreis?
- Welche gemeinsamen oder unterschiedlichen Interessen haben wir?
- Was möchte ich mit dieser Person oder diesen Personen gerne unternehmen?
- Wie oft treffen wir uns oder wie oft möchte ich mich mit ihnen treffen?
- Was ist mir an diesen Beziehungen besonders wichtig?
- Welche Werte finde ich in diesen Beziehungen wieder?
- Wie und mit wem möchte ich meine freie Zeit verbringen?

Schauen Sie sich das Ergebnis Ihres Beziehungsnetzes an. Finden Sie heraus, an welchen Beziehungen Sie was verändern wollen, und legen Sie fest, wann Sie das tun werden.

Rückhalt aus der Familie

Eine sichere Basis

Gerade in schwierigen Zeiten sind gute Beziehungen notwendig. Der Kontakt in der eigenen Familie ist dabei besonders wichtig. Rückhalt und Unterstützung aus der Familie verhindern, dass man in cin tiefes Loch fällt. Wem der Job von heute auf morgen wegbricht, wer den Boden unter den Füßen verliert, wie es bei Klaus der Fall war, der braucht eine Basis, auf der er sicher stehen und von der aus er agieren kann. Das nachfolgende Beispiel zeigt, wie eine gut funktionierende Beziehung sich auf den beruflichen Erfolg auswirken kann.

Auszeit zum Nachdenken über die Beziehung

Nach dem schrecklichen Jahr, in dem Klaus nur noch gearbeitet hatte, stand die Beziehung zu seiner Frau auf wackeligen Beinen. In den Tagen nach der Kündigung, an denen Klaus endlich wieder einmal über seinen Lebensweg nachdenken konnte, war ihm bewusst geworden, wie weit er sich von seiner Familie entfernt hatte. Früher hatte er seiner Frau ab und zu mal Blumen mitgebracht und Zeit für Gespräche gehabt. Das war in seiner turbulenten Zeit als Betriebsleiter völlig flachgefallen. Er reagierte nur noch gereizt und schlecht gelaunt. Die Lebensqualität innerhalb der Familie hatte sichtbar gelitten. Alle waren unzufrieden und jeder zog sich ins Schweigen zurück. Darum hatten Klaus und seine Frau ihren Urlaub in Südfrankreich bewusst ausgesucht. Sie wollten sich ungestört genug Zeit nehmen, um über die augenblickliche Situation Ihrer Beziehung und die weitere Lebensgestaltung zu sprechen. Klaus wusste, dass er dringend etwas unternehmen musste, wollte er nicht den Verlust der Familie riskieren. Diese Urlaubswoche nutzen Klaus und seine Frau gründlich. Danach konnte Klaus sich der vollen Unterstützung seiner Frau und Kinder sicher sein. Diese Sicherheit gab ihm eine große Stärke für die kommenden Monate.

Gemeinsam durch schwierige Phasen

Mit Hilfe anderer steht man stürmische Zeiten immer besser durch als alleine. Seien es sehr gute Freunde, der Partner oder, wie in unserem Beispiel, die Familie – es ist immer von Vorteil, wenn man schwierige Situationen gemeinsam meistern kann. Aber wir müssen über unsere Probleme sprechen. Wir müssen uns mitteilen, sonst wissen die anderen nicht, wie es uns geht und wie sie uns unterstützen können. Offenheit und Ehrlichkeit sind gefordert und kein einsames Heldentum.

Rückenstärkung

Bisweilen ist es traurig zu beobachten, wie wenig innerhalb einer Familie auf einen guten Umgang miteinander geachtet wird. Nicht selten zerstreitet man sich so schwer, dass der Kontakt vollständig abbricht. Nur selten lassen sich die Bindungen wieder kitten, wenn man die Unterstützung der Familie braucht. Niemand kann uns die Familie ersetzen, selbst die besten Freunde können das nicht. Zur Familie gehören nicht nur der Partner und die Kinder, sondern auch die Eltern und Geschwister. In guten und in schlechten Zeiten gibt die Familie den Rückhalt, den man im Leben braucht.

Wie erhalten wir uns eine gute Beziehung zu unserem Partner, unseren Kindern und zur engeren Familie? Hier einige Tipps:

- Seien Sie offen und ehrlich.
- Sprechen Sie über Wünsche und Bedürfnisse des Einzelnen.
- Nehmen Sie sich Zeit für persönliche Gespräche.
- Hören Sie hin, wenn der andere Ihnen etwas erzählt.
- Nehmen Sie Anteil an den Erlebnissen der anderen.
- Überraschen Sie den anderen öfter mal mit einer kleinen Anerkennung.
- Grenzen Sie sich ab, wenn es Ihnen zu viel wird.
- Sprechen Sie offen an, was sich an der Beziehung ändern sollte.

Will der andere das, was ich denke, dass er will?

Die eigenen Bedürfnisse zu erkennen ist schwer genug – wie schwierig wird es da erst, wenn es um die Wünsche anderer geht. Und vollends komplex wird es, wenn wir die Bedürfnisse mehrerer Menschen unter einen Hut bekommen möchten.

Rituale überholen sich

Eine Seminarteilnehmerin erzählte mir einmal, dass sie mit ihrer gesamten Familie einmal im Monat von ihrer Mutter zum Essen eingeladen wird. Es gibt immer Linsensuppe. Seit über 20 Jahren geht die Familie mit immer größerem Widerwillen zu diesem Sonntagsessen. Auf die Frage, weshalb sie ihrer Mutter nicht sage, dass sie dies nicht mehr wünschten, antwortete sie: »Das kann ich nicht. Dafür lebt sie.« Ich bat sie, ihrer Mutter auf alle Fälle mitzuteilen, wie sehr sie diese Tradition stört. Es blieb nur noch zu klären, auf welche Art und Weise sie ihr dies mitteilen könnte. Wir fanden folgende Formulierung: »Liebe Mutter, wir finden es ganz toll, dass du uns alle vier Wochen mit deiner hervorragenden Linsensuppe verwöhnst. Glaubst du nicht, dass du deine Zeit besser verbringen könntest? Es reicht doch, wenn wir nur noch ab und zu zum Essen kommen.« Und was glauben Sie, was passierte, nachdem sie dies ihrer Mutter gesagt hatte? Die Mutter war heilfroh, dass sie endlich mit dieser Kocherei aufhören konnte, die ihr schon lange auf die Nerven ging. Aber sie dachte ebenso wie ihre Tochter: dass es wichtig sei, das einmal eingeführte Ritual beizubehalten.

Darüber sprechen, was man möchte oder nicht

Beispiele wie dieses finden sich in jedermanns Alltag. In der Annahme, dem anderen gefällt eine bestimmte Tradition, wird sie einfach fortgeführt. Es kann entlastend sein, einmal zu hinterfragen, welche Rituale noch gewünscht werden und welche nicht.

Wie sollen andere wissen, was für Sie richtig ist, wenn Sie kein Feedback geben? Wer nicht sagt, was er möchte, wird stets auf unerfüllten Wünschen sitzen bleiben. Denn so sehr wir es uns auch wünschen: Niemand kann unsere Gedanken lesen und Wünsche erahnen. Eine Bekannte von mir beschwerte sich heftig, dass ihr Partner ihr keinen Kuss gab, wenn er nach Hause kam, sondern sich erst einmal zurückzog, um allein zu sein. Ihrer Ansicht nach hätte er doch merken müssen, was sie will. Wie sollte er das wissen, wo Sie ihm doch nie gesagt hatte, was *sie* sich wünschte.

Meine Bedürfnisse – deine Bedürfnisse

Teilen Sie Ihrem Partner Ihre Bedürfnisse mit und fordern Sie ihn auf, das Gleiche zu tun. Finden Sie zunächst heraus, was Sie sich von Ihrem Partner wünschen und was sich ändern sollte. Fragen Sie sich:

- Was wünsche ich mir von meinem Partner?

Zum Beispiel mehr Aufmerksamkeit.

- Wie genau soll das aussehen?

Er soll sich auf mich und das, was ich sage, konzentrieren, sich die Zeit nehmen, mich anzuhören. Nicht nebenher fernsehen, Zeitung lesen oder etwas anderes tun. Ich wünsche mir für eine gewisse Zeit seine ungeteilte Aufmerksamkeit.

- Wann genau soll das passieren?

Er sollte sich die Zeit dann nehmen, wenn er bereits abgeschaltet hat und mir seine uneingeschränkte Aufmerksamkeit schenken kann. Zum Beispiel nachdem er sich kurz zurückgezogen hat oder nach dem Abendessen.

- Was würde sich dadurch ändern?
Ich würde mich darin bestätigt fühlen, dass er für mich da ist, wenn ich ihn brauche. Dass er an den Dingen teilhat, die für mich von Bedeutung sind. Ich wäre zufriedener und glücklicher.
- Was hätte der andere davon?
Bin ich gut gelaunt und fröhlich, dann fällt es auch mir leichter, auf meinen Partner und seine Bedürfnisse einzugehen.

Die Wünsche an den Partner konkretisieren

Erst wenn *wir* uns ein konkretes Bild von unserem Wunsch gemacht haben und uns die positiven Auswirkungen für beide Seiten bewusst sind, können wir auf den anderen zugehen. Einfach nur zu sagen, dass man sich beispielsweise mehr Aufmerksamkeit wünscht, bringt nicht viel. Was soll der andere mit dieser Aussage anfangen? Also ganz wichtig: Konkretisieren Sie Ihre Bedürfnisse so genau wie möglich. Sagen Sie, was, wann und wie Sie es sich wünschen.

Meine Wunschliste an den Partner

Finden Sie heraus, was Sie im Augenblick an Ihrer Beziehung stört. *Konkretisieren Sie es so exakt wie möglich. Was genau, wann tritt das auf, wie oft? (Nicht: »Du bist nie aufmerksam.« Sondern: »Manchmal, wenn du abends nach Hause kommst, verziehst du dich und merkst überhaupt nicht, dass es mir nicht sehr gut geht und ich dich brauche. Das war zum Beispiel gestern Abend so.«)*

- Zu welchen Gefühlen führt das bei Ihnen? Wie geht es Ihnen damit?
- Was wünschen Sie sich stattdessen von Ihrem Partner?
- Konkretisieren Sie diesen Wunsch. Was genau, wann, wie, wie oft …?
- Vereinbaren Sie mit Ihrem Partner ein Gespräch zu einem Termin, an dem Sie beide ungestört sind und genügend Zeit haben.
- Sprechen Sie mit Ihrem Partner über einen Wunsch (zum

Beispiel mehr Aufmerksamkeit) und hören Sie zu, was er dazu zu sagen hat, wie er die Sache sieht.

- Entwickeln Sie gemeinsam Ideen, wie Sie das ändern können. Wählen Sie aus dem Ideenpool die Lösung aus, die für Sie beide stimmt.
- Vereinbaren Sie, was jeder von Ihnen künftig ganz konkret anders machen soll. Wer macht konkret was? Wer kontrolliert wie, ob die Verabredungen eingehalten werden?
- Sprechen Sie nach einem vorher bestimmten Zeitraum darüber, ob es Ihnen gelungen ist, die Veränderung in Ihr Leben zu integrieren, und was sich dadurch verändert hat.
- Gönnen Sie sich beide etwas, wenn Sie es geschafft haben.

Achtung: Lassen Sie sich im Gespräch nicht dazu hinreißen, auch andere Sachen auf den Tisch zu bringen, die Sie schon lange mal sagen wollten. Bleiben Sie bei diesem einen Problem. Sie wissen selbst, wie schwer es ist, Veränderungen zu bewerkstelligen. Bei dieser Art von Problemen empfiehlt sich die Salamitaktik: scheibchenweise und nicht das ganze Stück auf einmal.

Helfen statt kritisieren

Wenn Sie eine Veränderung verabredet haben, kritisieren Sie nicht sofort, wenn es beim ersten Mal nicht klappt. Sprechen Sie mit dem anderen darüber, was das neue Verhalten verhindert hat. Hilfe ist bei Veränderungen immer konstruktiver als Kritik. Beißen Sie sich lieber auf die Zunge, bevor Sie zu früh schießen. Sehen Sie es als Herausforderung, die Sie beide bestehen müssen.

Konsequent sein

Wenn Sie merken, dass die Veränderungen in dieser Form nicht greifen, suchen Sie erneut das Gespräch, um Alternativen zu entwickeln. Vielleicht müssen Sie beide aber auch nur konsequenter sein. Wenn Ihnen diese Veränderung hilft, Ihre Beziehung zu verbessern, sollten Sie alles daransetzen, das zu erreichen.

Diese Wunschliste können Sie natürlich auch in Bezug auf andere Personen, die Ihnen wichtig sind, erstellen. Sie werden merken, dass es immer besser ist, sich auszusprechen und sich mitzuteilen, als gegeneinander zu kämpfen. Das gelingt nicht immer, aber vielleicht immer öfter.

Sich von einer Beziehung lösen

Unfruchtbare Beziehungen

Wer kennt das nicht: Da gibt es jemanden im Freundes- oder Bekanntenkreis, zu dem man die Beziehung nicht länger aufrechterhalten möchte. Solche Beziehungen können vor langer Zeit entstanden sein. Vielleicht ist es eine alte Schulfreundin, der Sie eigentlich nichts mehr zu sagen haben, die Sie aber immer wieder anruft. Sie schaffen es einfach nicht, ihr mitzuteilen, dass Sie nicht mehr wollen. Oder es gibt jemanden, den Sie auf einem Seminar kennen gelernt haben. Im Nachhinein merken Sie aber, dass die Wellenlänge nicht stimmt. Sicher haben Sie auch einen Menschen in Ihrem Bekanntenkreis, von dem Sie sich lösen möchten.

Aus Gründen der Loyalität, Angst oder Unsicherheit halten wir solche Beziehungen oft länger aufrecht, als es uns gut tut. Je nachdem, wie intensiv diese Beziehung einmal war, fällt uns eine Trennung mehr oder weniger leicht. Auf Kommando vergessen können wir jedoch niemals einen Menschen. Wenn Sie sich sagen: »Ich werde nicht mehr an ihn denken«, nützt Ihnen das überhaupt nichts. Sie werden an ihn denken, ob Sie das wollen oder nicht.

Innerlich Frieden schließen

Wenn Sie es aber schaffen, mit diesem Menschen innerlich Frieden zu schließen, werden Sie zwar noch an ihn denken, diese Gedanken werden Sie jedoch nicht mehr belasten.

Einen Menschen loslassen

Suchen Sie sich einen ruhigen Platz, an dem Sie sich wohl fühlen. Machen Sie es sich dort bequem.

- Schließen Sie die Augen und stellen Sie sich vor, der Mensch, den Sie loslassen wollen, steht Ihnen gegenüber. Platzieren Sie ihn so weit weg von sich, wie es Ihnen angenehm ist.
- Stellen Sie sich anschließend vor, zwischen Ihnen und diesem Menschen gibt es eine Art Verbindungsschnur. Das kann ein Seil, ein Stab, eine Kette oder etwas anderes sein. Wählen Sie das, was Ihnen Ihr Unbewusstes als Verbindung anbietet.

- Nehmen Sie wahr, wo genau sich dieses Verbindungsstück an Ihrem Körper befindet – und auch am Körper Ihres Gegenübers.
- Führen Sie nun das Verbindungsstück so weit von sich weg, wie es für Sie angenehm ist. Achten Sie darauf, wie sich Ihre Gefühle verändern.
- Füllen Sie die Leere, die an der Stelle entstanden ist, an der das Verbindungsstück befestigt war, mit silbriger oder goldener Energie aus. Lassen Sie diese Energie sich weit über diesen Bereich hinaus ausbreiten. Achten Sie darauf, dass Sie sich dabei wohl fühlen.
- Vielleicht hat sich mittlerweile das Verbindungsstück verändert oder ganz aufgelöst. Nehmen Sie es einfach nur zur Kenntnis.
- Stellen Sie sich vor, dass aus dem Energiezentrum heraus ein großer Regenbogen entsteht, der bis zu Ihrem Gegenüber reicht.
- Schicken Sie über diesen Regenbogen so viel Liebe zu dem anderen Menschen hinüber, wie Ihnen möglich ist.
- Beenden Sie danach die Übung und lassen Sie das Gefühl noch ein wenig in Ihnen nachwirken.

Werden Sie nicht ungeduldig, wenn die Übung nicht auf Anhieb klappt. Suchen Sie sich für den Anfang nicht Ihren Lebenspartner, sondern jemanden, mit dem Sie im Moment nicht gut klarkommen und von dem Sie sich trennen wollen.

Mit dieser Übung habe ich schon die überraschendsten Sachen erlebt. Das Beeindruckendste war jedoch das Erlebnis einer Frau, die sich mit dieser Übung von ihrem Exmann verabschiedete, der vor zehn Jahren ins Ausland gegangen war. Nach dieser Übung war sie erfüllt von einem unglaublich guten Gefühl. Am selben Abend rief ihr Exmann an, um sie zu fragen, wie es ihr gehe: Nach zehn Jahren war das der erste Kontakt. Die Frau war völlig verblüfft, freute sich aber riesig über diesen Anruf. Nicht, dass sie ihre Ehe wiedererwecken wollte, sie hatte ihren Exmann ausgesucht, weil er ihr als Erster einfiel, als wir in die Übung einstiegen.

Es zwingt uns niemand dazu, einem anderen böse zu sein. Fühlen wir uns nicht besser, wenn wir eine nicht mehr zufrieden stellende Beziehung geklärt haben? Manchmal brauchen wir dazu allerdings die Bereitschaft des anderen. Wenn unser Partner sich nicht darauf einlässt, können nur wir selbst eine Lösung herbeiführen – für unser inneres Wohlbefinden.

Kapitel V: Lebensqualität und Gesundheit

Der letzte der vier Bereiche von Work-Life-Balance ist der Bereich des Körpers und der Gesundheit. Aus meinen Seminaren kenne ich viele Menschen, die gerne mehr für ihre Gesundheit tun würden, das Thema dann doch aber immer wieder hinten anstellen. Dabei können Entspannung, Bewegung und ausgewogene Ernährung mit ein wenig Planung gut in den Tagesablauf integriert werden. Dieses Kapitel möchte Ihnen Anregungen und Tipps geben, wie Sie mehr für Ihren Körper und Ihre Gesundheit tun können.

Volkskrankheit Stress

»Ich bin im Stress« ist heute ein Synonym für: »Ich habe viel zu tun.« Aber »viel zu tun« und »Stress haben« sind zwei Paar Schuhe. Ich kann mich wohl fühlen, obgleich oder vielleicht gerade weil ich viel um die Ohren habe. Kennen Sie das nicht auch? Wenn Ihnen etwas Spaß macht, können Sie davon gar nicht genug bekommen. Doch wenn Sie etwas nur ungern in Angriff nehmen, wird selbst die kleinste Anstrengung zur Belastung.

Rechtzeitig die Notbremse ziehen

Manchmal machen wir uns auch etwas vor: Wir sind so überzeugt, dass uns die viele Arbeit Freude macht, dass wir Warnsignale des Körpers übersehen. Müdigkeit und das Gefühl, ausgebrannt zu sein, sind deutliche Hinweise, dass Sie aus der Balance geraten sind. Sie sollten unbedingt die Notbremse ziehen.

Positiver und negativer Stress

Dieses Kapitel soll aufzeigen, wie Sie trotz ständig wachsender Belastungen – sei es im Beruf, sei es im Privatleben – Ihren Körper in Balance bringen. Lassen Sie es nicht zu, dass Stress ein Dauerbegleiter in Ihrem Leben wird. Wobei wir klarstellen müssen, dass Stress nicht nur negativ sein muss. Positiver Stress nämlich setzt ungeheure Energien frei – negativer hingegen raubt sie uns. Fachsprachlich nennt man das anregenden, stimulierenden Stress, auch »Eustress«, der krank machende hingegen heißt »Distress«.

Was ist Stress?

Lebenswichtiger Stress

Seit Urzeiten kennt unser Organismus Stress. Früher war das eine lebenswichtige körperliche Reaktion, die uns davor schützte, wilden Tieren wehrlos ausgeliefert zu sein. Im Stresszustand stellt unser Körper seine gesamte Energie den Muskeln zur Verfügung, damit wir blitzschnell flüchten oder uns verteidigen können. Ausgelöst wird dies durch Alarmsignale aus der Umwelt, einen Schatten, eine rasche Bewegung oder ein ungewöhnliches Geräusch. Unser Körper reagiert. Dieser Mechanismus funktioniert heute noch genauso wie bei unseren Vorfahren, den Jägern und Sammlern. Er rettet uns beispielsweise im letzten Moment davor, in ein plötzlich auftauchendes Auto zu laufen. In Sekundenschnelle stellt uns der Körper die nötige Energie zur Verfügung, die wir für einen schnellen Sprung zur Seite benötigen. Das sind lebensbedrohliche Situationen, in denen auch heute noch diese Energie für uns unentbehrlich ist.

Alltägliche Stressfaktoren

Nur: Wir müssen heutzutage (in der Regel) nicht mehr vor wilden Tieren flüchten oder uns gegen Feinde verteidigen, und wir laufen auch nicht jeden Tag in ein Auto. Unser Stress wird durch ganz alltägliche Dinge ausgelöst:

- zu enge Terminplanung
- Zeitdruck
- mangelnde Organisation
- Schwierigkeiten mit einer Aufgabe
- Konflikte mit einem Menschen
- der eigene hohe Anspruch
- Perfektionsstreben
- falsche Prioritäten
- permanente Überstunden
- unbefriedigende Arbeit
- schlechte Stimmung im Büro
- unerfüllte Wünsche und Sehnsüchte
- Sorgen um die Zukunft
- private Probleme
- Krankheit
- Mobbing
- Angst vor Arbeitsplatzverlust

Diese Liste könnte beliebig fortgeführt werden. Kreuzen Sie einmal an, welche Punkte der obigen Aufzählung auf Sie zutreffen, und ergänzen Sie die Liste um Ihre persönlichen Stressfaktoren.

Stressreaktion des Körpers

Was passiert mit uns, welche Symptome zeigen sich, wenn wir im Stress sind? Wir fangen an zu schwitzen, das Herz schlägt schneller, wir bekommen feuchte Hände oder rote Flecken am Hals und im Gesicht, werden nervös, unruhig und sind nicht mehr fähig, uns zu konzentrieren. Unsere Atmung wird flacher, der Körper verkrampft, im Kopf baut sich Druck auf, wir bekommen Kopfschmerzen oder Magenschmerzen. Je nach Intensität der Stresssituation können wir sogar in Panik geraten, die uns zu unüberlegten Handlungen verleitet. Oder die aus ihr resultierende Angst beginnt uns zu lähmen. Wir agieren nicht mehr, sondern reagieren nur noch – und je tiefer wir uns in etwas verstricken, umso schwerer fällt es uns, uns daraus zu befreien. Wir wissen zwar, dass wir so nicht weitermachen können und dass wir etwas ändern müssen, doch wir wissen meist nicht, wie. Doch bevor wir tiefer in das Phänomen »negativer Stress« einsteigen, ein kurzer Blick auf die möglichen positiven Auswirkungen von Stress.

Positiver Stress

Was den einen stresst, erfreut den anderen. Jeder Mensch verarbeitet Reize unterschiedlich. Bei dem einen löst klassische Musik negativen Stress aus, er wird nervös und ungeduldig. Ein anderer entspannt sich, wird ruhig und gelassen.

Loslassen

Für unsere Entwicklung und unser Fortkommen sind Reize unentbehrlich. Doch durch die gigantisch angestiegene Reizüberflutung, die uns täglich überrollt, können wir oft nicht mehr erkennen, was uns gut tut und was uns schadet. Wer permanent unter Strom steht, kann nicht mehr entspannen. Wir müssen aber von Zeit zu Zeit loslassen, damit wir uns über unseren Zustand bewusst werden können. Negativer Stress (»Distress«) schadet uns, positiver Stress (»Eustress«) hält unseren Organismus gesund.

Flow-Gefühle

Positiven Stress erfahren wir beispielsweise durch Aufgaben, die uns fordern und uns Freude bereiten, durch interessante Diskussionen und Auseinandersetzungen, im Wettbewerb mit anderen, wenn wir ihn nicht verbissen sehen, oder durch das Anpacken einer unbekannten Aufgabe. Wenn wir mit großer Motivation, viel Engagement und mit Euphorie bei einer Sache sind, werden unglaubliche Energien freigesetzt. Wenn Sie mit ganzem Herzen, mit ganzem Verstand dabei sind, wenn alles glatt und reibungslos verläuft, dann können Sie sogar so genannte Flow-Gefühle erleben. »Flow« bedeutet so viel wie: Es fließt. In einem solchen Zustand gibt es weder Frust noch Panik, noch läuft etwas schief – da gibt es nur Erfolgserlebnisse, man erlebt ein Hochgefühl.

Positive Gedanken erzeugen gute Gefühle

Wann in Ihrem Leben, in welchen Momenten, bei welchen Dingen erleben Sie den Flow? Sagen Sie nicht, dass das bei Ihnen nicht vorkommt. Erinnern Sie sich an Ihre Führerscheinprüfung? Hatten Sie da nicht ein Flow-Gefühl, als Ihnen der Prüfer den Schein in die Hand gedrückt hatte? Oder nach einer gelungenen Präsentation, einem erfolgreichen Kundengespräch? Vielleicht erleben Sie Flow-Gefühle auch beim Sport oder während einer heißen Diskussion? Es ist doch eher so, dass wir diese Gefühle nicht bewusst registrieren. Wie wäre es denn, wenn Sie sich dafür entscheiden würden, mehr davon zu bekommen? Wie würde das Ihr Leben bereichern? Wie Sie das bewerkstelligen können? Indem Sie sich erlauben, Ihre Aufmerksamkeit auf die schönen und angenehmen Dinge und Seiten des Lebens zu lenken. Denken Sie positiv: »Das Glas ist halb voll.« Es ist genug da. Wechseln Sie die Denkrichtung. Schaffen Sie neue positive Denkmuster in Ihrem Gehirn.

Negativer Stress

Techniken gegen den Stress

Hält der negative Stress, der »Distress«, über einen längeren Zeitraum hinweg an, können schwerwiegende gesundheitliche Symptome auftreten. Folgende Krankheiten und Reaktionen vermögen durch Stress ausgelöst zu werden: Kreislauferkrankungen, Magengeschwüre, Herzinfarkt, Bluthochdruck, -niederdruck, Übergewicht, Hörsturz, schlechtes Immunsystem, Blasenerkrankungen, Darmleiden, hormonale Störungen, aggressives Verhalten oder Depressionen. Wer ständig unter Stress leidet, sollte sich unbedingt in ärztliche Behandlung begeben und zusätzlich Techniken lernen, wie man sich entspannen und einen Ausgleich finden kann. Außerdem ist es wichtig, dass Sie sich darüber klar werden, dass Ihr Leben so nicht weitergehen kann. Sie sollten Ihre Lebensweise überdenken und Wege finden, wie Sie stressfreier und angenehmer leben können. In diesem Kapitel finden Sie ein paar Übungen, die Ihnen helfen, sich aus den Stresssituation zu befreien beziehungsweise Stress weitgehend zu vermeiden.

Der Körper sendet uns Signale

Vor vielen Jahren habe ich das selbst erfahren. Ich war Mitte zwanzig und hatte einen Job, der mir richtig Spaß machte. Ein 12- bis 15-Stunden-Tag war normal, aber das war in Ordnung, das bereitete mir keine Probleme. Eines Tages, es war Ostersonntag, bekam ich den ersten Hinweis von meinem Körper, dass er an seine Grenzen gekommen war. Ich kochte mir am Morgen einen Kaffee. Plötzlich brach mein Sichtfeld zusammen. Meine Umgebung glich einem unvollendeten Puzzle: Einige Stücke waren da, die anderen fehlten; dort, wo etwas fehlte, war buchstäblich nichts. Ich geriet in Panik und wollte eine Freundin anrufen, damit sie mich zum Arzt fahren konnte, aber schon das Telefonieren schaffte Probleme. Sobald ich auf das Telefon schaute, löste es sich einfach in Luft auf. Tastenderweise wählte ich die Nummer der Freundin, die mich sofort in die Uniklinik brachte. Der Notdienst am Ostersonntag konnte mir nicht helfen. Zwischenzeitlich hatte sich der »Anfall« zum Glück wieder gelegt, ich konnte wieder alles klar erkennen. Ein paar Tage später suchte ich einen Arzt auf, der aber nichts mehr feststellen konnte. Auch kannte er dieses Symptom nicht. Diese Anfälle bekam ich im Laufe von zwei Jahren noch ein paar Mal. Bei einem zufälligen Gespräch mit einem Augenarzt erfuhr ich dann, dass das gut in das Krankheitsbild einer Augenmigräne passen würde. Das käme vom Stress, war seine Meinung.

Auf Körpersignale hören

Das war der erste Warnschuss. Ich habe ihn ignoriert – was viele andere Menschen auch getan hätten. Zwar trat ich in der Folgezeit etwas kürzer, doch ein paar Wochen später war die Situation wieder die alte. Erst als ich ungefähr fünf Jahre darauf einen Hörsturz erlitt, begann ich, mir über meine Art zu leben und das, was mich stresst, intensivere Gedanken zu machen. Ich interessierte mich für Entspannungstechniken, Meditation, Visualisierungsübungen und probierte alles Mögliche aus. Dank regelmäßiger Meditation – jeden Tag 20 Minuten – wurde der Tinnitus innerhalb von ein paar Monaten schwächer. Ganz »verstummt« ist er jedoch nicht. Er begleitet mich heute noch – was sich aber nicht auf mein Wohlbefinden auswirkt. Ich nutze ihn als Stressbarometer: Wenn das Geräusch im Ohr lauter wird, weiß ich, dass ich jetzt meine Belastungen reduzieren und nicht nur meinen Körper, sondern mein ganzes Leben wieder in Balance bringen muss.

Stress bewältigen und dauerhaft abbauen

Übungen zum Stressabbau und zum Energietanken

Zehn-Minuten-Entspannung

Diese Übung können Sie an jedem Ort durchführen, an dem Sie für einige Minuten ungestört sind: in Ihrem Büro, einem leeren Besprechungsraum, notfalls auf dem »stillen Örtchen«. Setzen Sie sich in einen bequemen Stuhl oder – wenn Sie die Möglichkeit haben – legen Sie sich hin.

- Schließen Sie die Augen und richten Sie Ihre Aufmerksamkeit auf Ihren Atem. Beobachten Sie, wie Sie ein- und ausatmen: Jeden Gedanken, der jetzt auftaucht, packen Sie in eine Wolke und lassen ihn davonziehen.
- Richten Sie nun Ihr Augenmerk auf Ihren Körper. Wandern Sie gedanklich durch Ihren ganzen Körper hindurch.
- Beginnen Sie beim linken Bein. Stellen Sie sich vor, Ihre Aufmerksamkeit fließt durch Ihr linkes Bein, bis vor zu den Zehen. Lassen Sie dabei alle Spannungen, die Sie wahrnehmen, los. Spüren Sie nach, wie es sich anfühlt, wenn die Spannungen verschwunden sind.
- Machen Sie das Gleiche mit dem rechten Bein, dem Becken und dem Gesäß, dem Brustkorb und dem Rücken, dem linken und dem rechten Arm, den Schultern und dem Nacken. Wenn Sie den Impuls haben, sich dabei

bewegen zu müssen, dann bewegen Sie sich, damit die Spannungen sich lösen können.

- Wandern Sie dann weiter mit Ihrer Aufmerksamkeit in den Kopf und über das Gesicht: Stirn, Augen, Mund, Wangen, Kiefer – alles wird genauestens betrachtet. Erspüren Sie ganz genau, wo die Spannungen liegen, und lassen Sie diese los. Lassen Sie den Kiefer los, nehmen Sie die Zähne auseinander und öffnen Sie leicht die Lippen. Nehmen Sie alle Spannung aus dem Mund-Kiefer-Bereich heraus. Sie brauchen Ihre Zähne im Moment nicht zusammenzubeißen. Lassen Sie einfach los.
- Richten Sie zum Schluss nochmals Ihre Aufmerksamkeit auf den gesamten Körper und nehmen Sie wahr, wo noch Spannungen sind. Gehen Sie mit Ihrer Aufmerksamkeit dort hinein und lassen Sie diese letzten Spannungen los. Richten Sie danach Ihr Augenmerk wieder auf Ihren Atem. Atmen Sie ein paarmal ganz tief durch, um so mit jedem Einatmen frische Energie in sich aufzunehmen. Lassen Sie diese Energie durch Ihren gesamten Körper strömen. Öffnen Sie dann wieder die Augen und orientieren Sie sich im Raum.

Falls Sie sich für diese Übung hingelegt haben, müssen Sie besonders konzentriert bei der Sache bleiben, denn man schläft bei dieser Entspannungsübung schnell ein. Wenn Sie möchten, sprechen Sie den obigen Text auf eine Kassette, die Sie dann anhören können, während Sie die Spannungen lösen.

Ich empfehle Ihnen, diese Übung mindestens einmal täglich zu machen. Nach ein paar Wochen werden Sie feststellen, dass der entspannende Effekt viel schneller eintritt. Wenn Sie die Übung gut beherrschen, können Sie damit innerhalb von wenigen Sekunden loslassen. In langwierigen, anstrengenden Besprechungen und Verhandlungen lässt sich diese Technik zum Energietanken wirksam einsetzen. Damit das gelingt, ist allerdings ein regelmäßiges Training nötig.

Atemübungen

Atmen als Lebenselexier

Die Atmung ist ein unbewusster Prozess. »Es atmet« einfach in uns, ohne dass wir etwas dazu tun müssen, ohne dass wir es registrieren. In vielen fernöstlichen Lehren bedeutet Atmen nicht nur, Sauerstoff aufzunehmen, sondern der Atem ist ein schöpferisches Lebenselixier, Prana genannt. Indem wir Luft holen, wird unser physischer Körper am Leben erhalten und das Immunsystem gestärkt.

Die Haltung verändert die Atmung

In unserer schnelllebigen Zeit wird unser Atem immer flacher. Das merken wir, wenn wir etwas schneller laufen oder ein paar Treppen nach oben steigen. Bewegungsmangel unterstützt diesen Prozess zusätzlich, sodass viele von uns nur noch im oberen Brustkorb atmen. Testen Sie einmal selbst: Bleiben Sie genau in der Sitzhaltung, in der Sie sich gerade befinden, und beobachten Sie Ihre Atmung. Wie tief atmen Sie im Augenblick? Verändern Sie Ihre Haltung: Setzen Sie sich aufrecht hin oder stehen Sie auf, halten Sie Rücken und Schultern gerade; atmen Sie nun bewusst ein und aus. Sie werden feststellen, dass Sie plötzlich viel mehr Sauerstoff bekommen als vorher. Wenn Sie zu den Büromenschen gehören, die viel am Schreibtisch sitzen, sollten Sie sich mit den nachfolgenden Übungen vertraut machen. Sie dauern nicht lange und können fast überall ausgeführt werden.

Wenn Sie merken, dass Ihnen bei einer Atemübung schwindlig wird, hören Sie langsam damit auf. Je öfter Sie die Übungen machen, umso länger werden Sie durchhalten. Das Training bringt den Erfolg.

Einatmen – Ausatmen

- Setzen Sie sich aufrecht auf einen Stuhl. Die Wirbelsäule muss gerade sein. Stellen Sie beide Beine auf den Boden und legen Sie die Hände auf Ihre Oberschenkel.
- Entspannen Sie für einen Augenblick. Richten Sie Ihre Aufmerksamkeit auf Ihren Atem, beobachten Sie ihn einfach nur.
- Atmen Sie dann zweimal tief ein und aus und schließen

Sie dabei die Augen. Atmen Sie jetzt ganz bewusst durch die Nase ein und durch den Mund wieder aus. Mit jedem Atemzug atmen Sie tiefer ein und länger aus. Wenn die Atmung zuerst nur bis zum Brustkorb geht, dann weiten Sie sie im Laufe der Übung über das Zwerchfell bis zur Bauchatmung aus. Nach ein paar Minuten haben Sie Ihren Rhythmus gefunden. Atmen Sie stets länger aus als ein und achten Sie darauf, dass beim Ausatmen die gesamte Luft herausströmt.

- Halten Sie den Rhythmus: durch die Nase einatmen, durch den Mund ausatmen.
- Machen Sie diese Übung ungefähr fünf Minuten lang. Atmen Sie dann wieder ganz normal, öffnen Sie die Augen, strecken und dehnen Sie sich.

Diese Übung können Sie im Auto, an der Bushaltestelle, in der U-Bahn oder zwischendurch im Büro machen – immer, wenn Sie merken, dass Ihre Leistung abfällt, zum Beispiel nach dem Mittagessen oder einer anstrengenden Besprechung.

Wechselseitige Nasenatmung

- Setzen Sie sich gerade hin. Verschließen Sie mit dem Daumen Ihrer linken Hand Ihr linkes Nasenloch und atmen Sie über das rechte Nasenloch ein. Zählen Sie dabei bis vier.
- Verschließen Sie jetzt mit dem Ringfinger das rechte Nasenloch, halten Sie den Atem ein paar Sekunden an, öffnen Sie dann das linke Nasenloch und atmen Sie vier bis acht Sekunden lang aus, je länger, umso besser. Konzentrieren Sie sich darauf, Ihre Lungen ganz zu entleeren. Atmen Sie jetzt durch das gleiche Nasenloch (also das linke) wieder ein und zählen Sie dabei bis vier. Das rechte Nasenloch wird dabei noch immer mit dem Ringfinger zugehalten.

- Schließen Sie das linke Nasenloch mit dem Daumen und halten Sie den Atem wieder ein paar Sekunden an. Jetzt atmen Sie durch das rechte Nasenloch vier bis acht Sekunden lang wieder aus. Das ergibt einen vollständigen Atemturnus.
- Wiederholen Sie diesen Turnus sechs bis acht Mal oder acht bis zehn Minuten.

Mit dieser Übung werden Sie schnell wieder fit.

Die Eine-Minuten-Entspannung

Hier eine einfache Atemübung, mit der Sie schnell wieder Ihre Konzentration und Aufmerksamkeit erlangen oder innerhalb kurzer Zeit entspannen können. Sie dauert nur eine Minute und kann überall und zu jeder Zeit durchgeführt werden: Konzentrieren Sie sich eine Minute lang nur auf Ihren Atem. Tun und denken Sie sonst nichts. Beobachten Sie einfach nur, wie es atmet. Sie werden sehen, dass diese Übung Ihre Aufmerksamkeit wieder zurückbringt.

Phantasiereisen

Nachfolgend finden Sie einige Phantasiereisen, die sich hervorragend zur Entspannung eignen. Sie können den Text auf eine Kassette aufnehmen – achten Sie darauf, dass Sie ihn langsam sprechen und genügend Pausen machen. Oder aber Sie lesen ihn mehrmals, bis er Ihnen vertraut ist. Suchen Sie dann eine CD heraus, die zur Stimmung der spezifischen Phantasiereise passt, oder legen Sie eine CD mit Naturgeräuschen ein.

Nehmen Sie sich vor jeder Phantasiereise zehn Minuten Zeit, um alles loszulassen und neue Energie zu tanken. Setzen Sie sich bequem hin und atmen Sie ein paarmal tief ein und aus.

Störende Gedanken loslassen

Mit dem nächsten Ausatmen schließen Sie die Augen und lenken die Wahrnehmung auf Ihren Körper. Nehmen Sie wahr, wie Sie fest und sicher auf Ihrem Stuhl sitzen und wie die Füße den Boden berühren. Nun richten Sie Ihre Aufmerksamkeit auf Ihre Gedanken, beobachten diese – und lassen Sie sie vorüberziehen wie weiße Wolken am Himmel, einfach vorbeiziehen lassen, bis sie sich in der Ferne auflösen. Wenn sich ein störender Gedanke aufdrängt oder etwas anderes Sie stört, dann packen Sie es in eine weiße Wolke und lassen diese fortschweben.

Ich lade Sie nun zu unserem ersten kleinen Spaziergang ein.

Der Wiesenspaziergang

Es ist ein warmer, sonniger Tag – Sie gehen auf einer Wiese spazieren. Sie spüren den weichen Boden unter Ihren Füßen, riechen die Blumen, sehen die vielen Farben und die verschiedenartigen Pflanzen. Es ist eine große, weite Wiese. Vereinzelt sehen Sie ein paar Bäume, die sich sanft im Wind wiegen. Sie gehen weiter über die Wiese und atmen den Duft und die Frische der Luft tief ein und lassen diese Frische durch Ihren ganzen Körper strömen. Sie spüren ganz sanft den Wind, wie er durch Ihr Haar streicht und Ihr Gesicht liebevoll streichelt. (Hier folgt eine Pause von etwa 10 Sekunden.) Sie gehen weiter und kommen an einen kleinen Bach, der sich in vielen Biegungen und Windungen durch die Wiese schlängelt. Größere und kleinere Bäume säumen sein Ufer. Sie setzen sich an das Ufer und schauen ins Wasser. Sie sehen bis auf den Grund, der Bach ist ganz flach und fließt sanft dahin – ein zartes Plätschern ist zu hören. An manchen Stellen kräuselt sich das Wasser, windet sich um die Wurzeln der Bäume, die im Bachbett zu sehen sind. Das frische Grün der Blätter spiegelt sich im Wasser wider. Durch die Bäume scheinen die Sonnenstrahlen bis auf den Grund des Baches. Große Kieselsteine liegen auf dem Grund und das Wasser bildet über ihnen winzig kleine Strudel – und es sieht aus, als ob das Wasser tanzen würde. (Wieder eine Pause.) Sie nehmen das zarte Rauschen der Blätter und den Gesang der Vögel wahr. Alles um Sie herum strahlt Ruhe, Frieden und Harmonie aus. Vielleicht spüren Sie diese Harmonie auch in sich. All dies nehmen Sie mit jedem Atemzug in sich auf, diese Kraft und Freude, Heiterkeit und Gelassenheit. Und Sie spüren, wie Sie sich leichter und leichter fühlen, frei in Ihren Gedanken, losgelöst von allem. Genießen Sie das noch eine Weile. (Pause)

Gehen Sie dann wieder über die Wiese zurück und kommen Sie ganz langsam – in Ihrem eigenen Tempo – wieder in die Gegenwart zurück. Sie spüren, wie Bewegung in die Zehen und die Finger kommt, lassen die Bewegung größer werden und öffnen schließlich die Augen, orientieren sich, dehnen und strecken sich – und sind wieder ganz da, ganz wach und frisch.

Der Inselspaziergang

Es ist ein heller, sonniger Tag. Sie gehen barfuß am Strand entlang, spüren den Sand unter Ihren Füßen und den Wind, wie er über Ihren Körper streicht. Sie schauen sich um, blicken auf das Meer, das unendlich weit vor Ihnen liegt – türkisfarben bis tief dunkelblau. Die Wellen schlagen sanft ans Ufer. Sie sehen, wie das Wasser im Sand versickert und kleine Luftbläschen hinterlässt. Ein paar Sekunden nur, dann sind sie wieder verschwunden. Sie atmen tief die frische Luft ein – und mit jedem Schritt weht Ihnen der sanfte Wind alle Sorgen und belastenden Gedanken aus dem Kopf. (15 Sekunden Pause.) Vielleicht haben Sie ja Lust, sich im Wasser ein wenig zu erfrischen, kurz einzutauchen und das Prickeln auf Ihrer Haut zu spüren. Gehen Sie hinein und legen Sie sich auf das Wasser. Lassen Sie sich vom Wasser tragen – es trägt Sie von ganz alleine, Sie müssen nichts dazu tun. Vielleicht wollen Sie sogar hinabtauchen, die Unterwasserwelt erforschen. Schauen, was es dort zu sehen gibt – die Fische, die Pflanzen, der Sand, die Steine? Nehmen Sie die vielfältigen Farben und Formen unter Wasser wahr – und genießen Sie das für eine Weile. (10 Sekunden Pause.)

Dann schwimmen Sie langsam wieder ans Ufer zurück. Treten Sie aus dem Wasser heraus, bleiben Sie für einen Augenblick stehen und atmen Sie tief durch. Dann gehen Sie weiter am Strand entlang. Spüren Sie, wie der Wind und die angenehm warme Sonne langsam Ihren Körper trocknen.

Folgen Sie weiter dem Strand. Schauen Sie sich um, was es dort noch alles zu sehen gibt: Bäume, blühende Büsche, Palmen, die sich sanft im Wind wiegen. Und was hören Sie dort für Geräusche? Die Vögel, die Wellen, wie sie am Strand ankommen, oder vielleicht Stimmen, Musik …? Nehmen Sie wahr, was Sie alles hören können. Genießen Sie diese Stimmung, die Ruhe, die Gelassenheit, die innere Heiterkeit. Erlauben Sie sich, in dieser Ruhe, dieser Stimmung ins Träumen zu kommen. Erträumen Sie sich ein Ziel, etwas, das Sie gern erreichen möchten, etwas, das Ihnen wichtig ist. Malen Sie sich das Ziel in allen Farben aus und wie Sie dieses Ziel bereits erreicht haben. Was gibt es da zu sehen, was hören Sie, wie fühlen Sie sich, wenn Sie Ihr Ziel erreicht haben? Lassen Sie sich ein wenig Zeit, träumen Sie es mit allen Einzelheiten. (Etwa 15 Sekunden Pause.)

Lassen Sie dann diesen Traum los. Lassen Sie ihn einfach wegfliegen. Schauen Sie sich nun am Strand um und suchen Sie etwas, das Sie mitnehmen können und das Sie an Ihren Traum, an Ihren Wunsch erinnert. Wenn Sie es gefunden haben, stecken Sie es ein und kommen dann ganz langsam – in Ihrem eigenen Tempo – wieder zurück. Sie spüren, wie wieder Bewegung in die Zehen und die Finger kommt, lassen Sie die Bewegung größer werden und öffnen schließlich die Augen, orientieren sich, dehnen und strecken sich – und sind wieder ganz da, ganz wach und frisch.

Sekundenschnelles Wohlbefinden

Ich brauche jetzt ein gutes Gefühl

Wir sitzen in einem Gespräch und merken, dass wir uns unwohl fühlen. Jetzt brauchen wir ganz schnell ein gutes Gefühl. Mit dieser Übung können Sie sich in wenigen Sekunden in einen angenehmen Zustand versetzen.

In einen positiven Zustand versetzen

Ziehen Sie sich für ein paar Minuten an einen Ort zurück, an dem Sie ungestört sind. Atmen Sie ein paarmal tief durch, bevor Sie mit der Übung beginnen. Suchen Sie sich eine angenehme Erinnerung, ein positives Erlebnis. Das muss nichts Großartiges gewesen sein. Die Freude über ein Geschenk oder ein Kompliment tut es auch.

- Erinnern Sie sich an eine Situation, in der Sie sich besonders gut gefühlt haben, in der Sie ruhig, gelassen und ganz entspannt waren, in der es Ihnen rundum gut ging.
- Gehen Sie in Ihrer Erinnerung ganz in diese Situation hinein. Erleben Sie diese Situation, wie sie damals war, und konzentrieren Sie sich auf das, was ganz besonders gut war.
- Was genau sehen Sie?
- Was genau hören Sie?
- Was denken Sie?
- Was fühlen Sie dabei?
- Wo am Körper spüren Sie das positive Gefühl am stärksten? Im Bauch, in der Brust, im Kopf oder an einer anderen Stelle? Legen Sie Ihre Hand dorthin. Bleiben Sie mit Ihrer Aufmerksamkeit bei dem Erlebnis und finden Sie Elemente, die das gute Gefühl noch verstärken.
- Genießen Sie dieses Gefühl für eine Weile. Lassen Sie dabei die Hand auf dieser Stelle liegen.
- Öffnen Sie nun Ihre Augen und nehmen Sie die Hand weg.
- Lenken Sie Ihre Aufmerksamkeit für einen Moment auf etwas anderes: ein Bild, die Armbanduhr, Blumen.
- Stellen Sie sich dann eine leicht negative Situation vor. Legen Sie Ihre Hand auf die Stelle, an der Sie das gute Gefühl spürten.

Sie werden sehen, dass die negative Situation nicht mehr so unangenehm ist wie vorher. Meist erlebt man dabei ein neutrales Gefühl: weder gut noch schlecht. Auf dieser Basis können Sie mit der Situation auf eine neue Art und Weise umgehen.

Nutzen Sie diese Übung als Prophylaxe, so können Sie sich jederzeit in einen guten Zustand versetzen, egal wo Sie gerade sind und was Sie gerade tun: ob bei einem Konfliktgespräch, im Stau, in der Warteschlage im Supermarkt, beim Streit mit dem Partner oder wenn Sie sich einfach gerade nicht gut fühlen. Wichtig ist, dass die angenehme Erinnerung einen rundum guten Zustand hervorruft. Ein schönes Urlaubserlebnis, das durch eine schmerzhafte Erfahrung während der Heimreise überschattet wird, wirkt destruktiv. Ich gebe Ihnen ein Beispiel, wie ich meine Seekrankheit überwunden habe.

Einüben – bei Stress abrufen

Ich machte einen Tauchurlaub. Um eine sehr interessante Stelle im Meer zu erreichen, musste ich zehn Minuten mit dem Boot fahren. Zweimal war mir direkt nach dem Einsteigen ins Boot schlecht geworden – und während der ganzen Fahrt hielt die Übelkeit an. Am Abend nach der zweiten Tour beschloss ich, etwas dagegen zu unternehmen. Ich wählte ein Erlebnis aus einem Kurzurlaub in den Bergen: Ich ging über eine Blumenwiese. Leuchtend gelbe Blumen und saftiges Grün umgaben mich. Die Luft in dieser Höhe war besonders angenehm. Kühl und frisch. Ich ließ mir den Wind durch die Haare wehen und hatte ein Gefühl der Leichtigkeit und der Heiterkeit, das durch meinen ganzen Körper strömte. Dieses Erlebnis verankerte ich an der Stelle am Brustkorb, wo sich die Thymusdrüse befindet (ungefähr eine Handlänge unter dem Kinn auf dem Brustkorb). Als ich am nächsten Tag mit dem Boot hinausfuhr und mir wieder schlecht wurde, legte ich meine Hand auf diese Stelle – und das gute Gefühl war wieder da. Die Hand ließ ich während der ganzen Fahrt dort liegen. Die Übelkeit kam nie wieder.

Ein positives Gefühl ist wichtig. Bei Bedarf abrufen

Selbstmotivation

Im Alltag gibt es viele Momente, in denen wir uns ein gutes Gefühl wünschen. Oft sind es keine großen Dinge, die uns belasten, sondern Kleinigkeiten, mit denen wir uns tagtäglich rumschlagen müssen. Um mit ihnen fertig zu werden, eignen sich besonders Techniken zur Selbstmotivation.

Frust mit dem Partner, Stress mit dem Vorgesetzten, Ärger mit den Kindern – und keiner da, der uns den Rücken stärkt. Eigent-

Frustsituationen bereinigen

lich möchten wir heulen. Und wünschen uns jemanden, der für uns da ist, der uns versteht. Aber: Wir müssen im Augenblick ganz alleine damit fertig werden. Mit der nachfolgenden Übung können Sie sich selbst wieder motivieren. Nehmen Sie sich am Abend etwas Zeit und arbeiten Sie die frustrierende Situation vom Tage auf. Nehmen Sie das schlechte Gefühl nicht mit ins Bett. Sie werden nämlich mit dem Gedanken morgens aufwachen, der Sie beim Einschlafen begleitet hat. Wenn Sie Ihren Tag bereinigen und abschließen, schlafen Sie nicht nur besser, Sie wachen auch erholter und fröhlicher auf. Fragen Sie sich am Abend: Was ist mir heute besonders gut gelungen? Finden Sie ein positives Ereignis dieses Tages. Was belastet mich noch immer? Was kann ich jetzt tun, damit es mir trotz dieser Situation besser geht? Finden Sie eine Übung, die Sie in einen guten Zustand versetzt. Fragen Sie sich, was das Positive an der Situation sein könnte – auch wenn Sie das im Moment noch nicht sehen können. Springen Sie gedanklich ein paar Monate in die Zukunft: Wie bedeutsam ist dieses Thema dann noch? Im Rückblick stellen wir oftmals fest, dass die Angelegenheit gar nicht so schlimm war, wie es seinerzeit erschien. Oder wir stellen fest, dass die ganze Sache auch etwas Positives hatte.

Mit einem positiven Gedanken einschlafen

Das Gehirn steht nie still

Unser Gehirn arbeitet immer. Selbst nachts, wenn wir schlafen, ruht es nicht. Es ist permanent damit beschäftigt, Informationen zu verarbeiten, Probleme zu identifizieren, Lösungen zu finden oder kreativ zu sein. Eigentlich führen wir in Gedanken ständig Dialoge, hören zu oder diskutieren heftig mit uns selbst. Diese Fähigkeit des Gehirns macht uns erfolgreich, wenn wir sie zu nutzen wissen. Wenn die inneren Gespräche aber destruktiv sind, führen sie zu Misserfolgen. Stellen Sie sich vor, Sie sitzen Ihrem Vorgesetzten gegenüber, um über Ihre Gehaltserhöhung zu sprechen. Durch seine Haltung und seine Aussagen macht er Ihnen klar, dass es kein einfaches Gespräch wird. Wie reagieren Sie innerlich? Werden Sie trotzig, sind Sie beleidigt, fühlen Sie sich minderwertig oder wertlos? Was sagt Ihnen in diesem Augenblick Ihre innere Stimme? »Du bist nicht gut genug«? Oder: »Du hast das nicht verdient«?

Finden Sie heraus, wie Ihre innere Stimme mit Ihnen kommuniziert, und verändern Sie diese Stimme so, dass sie Sie künftig unterstützt.

Verändern der inneren Stimme

- Erinnern Sie sich an eine Situation, in der Sie unter Druck, frustriert oder demotiviert waren.
- Wie gehen Sie in so einer Situation mit sich selbst um? Was passiert in Ihnen?
- Was sagen Sie sich innerlich? Welche Worte, welche Sätze benutzen Sie?
- Ist Ihre innere Stimme im Kopf oder außerhalb?
- Von wo hören Sie die Stimme? Von vorne, hinten, oben, unten, seitlich oder direkt im Ohr?
- Ist die Stimme männlich oder weiblich?
- Ist es Ihre eigene Stimme oder die einer anderen Person? Wessen Stimme?
- Wie hört sich die Stimme an? Ist sie
  - laut oder leise,
  - hoch oder tief,
  - schimpfend, ärgerlich oder jammernd,
  - emotional, gefühlskalt oder sachlich?
- Wie würden Sie sich fühlen, wenn jemand tatsächlich so mit Ihnen sprechen würde? Gibt diese Stimme Ihnen Kraft und Energie oder schwächt sie Sie?
- Falls diese Stimme Sie nicht stärkt, verabschieden Sie sich von ihr und suchen sich eine Stimme, die besser passt.
- Soll sie männlich oder weiblich sein?
- Soll es Ihre eigene oder die Stimme eines anderen sein? Wessen Stimme?
- Welche Lautstärke muss sie haben?
- Soll sie eher hoch oder tief sein?
- Soll sie begeisternd, heiter, kraftvoll, voller Energie sein?
- Soll sie klar, sachlich oder gefühlvoll sein?
- Von wo genau soll die Stimme kommen, von vorn, hinten, oben, seitlich?
- Brauchen Sie noch etwas, damit diese Stimme Sie optimal unterstützt? Musikuntermalung, Geräusche …

Schaffen Sie sich eine Motivationsstimme, die Sie immer dann aktivieren, wenn Sie Ihre ganze Aufmerksamkeit und

Konzentration brauchen, wenn Sie emotional angespannt sind und negative Gedanken hegen. Diese Stimme muss einfach perfekt sein. Modellieren Sie so lange an ihr herum, bis Sie die ideale Stimme gefunden haben.

Die Mickey-Mouse-Stimme

Manchmal ist die emotionale Lage jedoch derart angespannt, dass auch Ihre selbst gewählte innere Stimme sich nicht durchsetzen kann. Aber auch dafür gibt es eine Lösung. Identifizieren Sie die Stimme, die sie quält. Wie hört sie sich an, wessen Stimme ist das und aus welcher Richtung kommt sie? Versuchen Sie, diese Stimme zu verändern, machen Sie beispielsweise aus einer nörgelnden Stimme eine Mickey-Mouse-Stimme. Das geht ganz einfach. Stellen Sie sich vor, wie diese kleine Maus spricht, und machen Sie das in Gedanken nach. Ziehen Sie die Tonlage nach oben und steigern Sie die Geschwindigkeit. Die innere Kommunikation findet dann auf Maus-Niveau statt. Das hört sich so lächerlich an, dass man nur lachen kann. Machen Sie das so lange, bis es Ihnen wieder gut geht.

Negative Energie in Power umwandeln

Mit dieser intensiven Übung laden Sie Ihre Akkus wieder auf:

1. Erinnern Sie sich an eine stressige Situation aus der letzten Zeit, in der Sie gern anders reagiert hätten.
2. Wie haben Sie gehandelt und wie wollen Sie sich künftig verhalten? Wie wollen Sie sich künftig fühlen? Formulieren Sie das bitte ganz konkret und positiv. Sagen Sie nicht: »Ich möchte mich weniger aufregen«, sondern: »Ich möchte gelassen sein.«
3. Stellen Sie sich vor, Sie könnten die Stresssituation wie

einen Film anschauen! Wo sind Sie? Wer ist noch mit dabei? Was geschieht dort konkret? Was tun Sie? Was hören Sie?

4. Finden Sie Ihre Ressourcen:

- Haben Sie schon einmal eine ähnliche Stresssituation erlebt und sind dabei ruhig geblieben? Wenn ja, erinnern Sie sich, wie Sie das gemacht haben!
  - Was haben Sie gesehen?
  - Was haben Sie gehört?
  - Was haben Sie gedacht?
  - Was haben Sie getan?
  - Was haben Sie gesagt?
  - Welches Gefühl hatten Sie dabei?

5. Angenommen, es gäbe noch etwas, das Sie in dieser Situation stärken könnte, was wäre das?
6. Gehen Sie nun in die erste Stresssituation hinein und prüfen Sie, wie sich diese verändert, wenn Sie die Ressourcen mitnehmen. Testen Sie ruhig mehrere Dinge durch, bis sich ein gutes Gefühl einstellt.
7. Bleiben Sie in der Stresssituation und verändern Sie noch weitere Elemente:

- *Innere Bilder verändern:*
  - Machen Sie das Bild kleiner, dunkler, blasser oder betrachten Sie es aus größerer Entfernung!
  - Verändern Sie Inhalte, setzen Sie beispielsweise einer Person eine knallgelbe Mütze auf oder ziehen Sie ihr einen grellgrünen Pullover an.
  - Richten Sie Ihre Aufmerksamkeit auf etwas anderes im Raum oder in der Umgebung.
- *Innere Töne verändern:*
  - Verändern Sie die Geschwindigkeit der Stimmen. Machen Sie sie schneller oder langsamer.
  - Sagen Sie etwas Positives zu sich.
  - Lassen Sie einen anderen etwas Positives über Sie sagen.
  - Zählen Sie innerlich langsam bis zehn.
  - Stellen Sie Fragen.
  - Lassen Sie Ihre Lieblingsmusik laufen oder untermalen Sie die Situation mit Blasmusik.

- *Körpergefühl verändern:*
  - Spannen Sie Ihre Muskeln an.
  - Entspannen Sie die Muskulatur.
  - Atmen Sie langsam und tief durch.
  - Setzen Sie sich aufrecht hin.
  - Fühlen Sie Ihre Temperatur an den Händen.
  - Bewegen Sie sich langsamer oder schneller.

Welche Elemente sind am wirkungsvollsten in dieser Situation? Finden Sie diese heraus. Lassen Sie sich dafür Zeit.

8. Wissen Sie noch, welches Gefühl Sie sich anfangs gewünscht haben?
9. Gehen Sie nun nochmals in die erste Stresssituation (siehe 1.) hinein und testen Sie die verschiedenen Möglichkeiten. Achten Sie darauf, wann sich das gewünschte Gefühl einstellt.
10. Stellen Sie sich nun eine ähnliche Situation vor, die auf Sie zukommen kann. Gehen Sie in die Situation hinein, probieren Sie Ihre wirksamsten Verhaltensweisen, bis sich das gewünschte Gefühl einstellt.
11. Damit sich dieses Gefühl einstellt, brauchen Sie eine Strategie und einen Anker, mit dem Sie das Gefühl abrufen können.
12. Üben Sie eine innere Strategie ein:

- Wie wollen Sie sich fühlen?
- Wie können Sie sich verhalten?
- Wie können Sie sich daran erinnern? Setzen Sie sich einen Anker, mit dessen Hilfe Sie künftig das Positive abrufen können.

Üben Sie die einzelnen Methoden, die auf den zurückliegenden Seiten vorgestellt wurden, ein und profitieren Sie so von Ihren eigenen Fähigkeiten. Sie allein sind es, der sich gute Gefühle schaffen kann und für seine Gesundheit zuständig ist. Machen Sie sich bewusst, dass Ihre Gesundheit die Basis Ihrer Leistungsfähigkeit ist.

Strategien zur Stressbewältigung

Verarbeiten von Emotionen

Als Hendrik seine Kündigung bekam, war dies ein Schock für ihn. Tausend Gedanken wirbelten gleichzeitig durch seinen Kopf. Im ersten Moment war er unfähig, etwas zu sagen. Es hatte ihm im wahrsten Sinne des Wortes die Sprache verschlagen. Erst nach einer Weile hörte Hendrik sich reden. Aber das war nicht er, zumindest kannte er diese Stimme nicht. Das Herz klopfte ihm bis zum Hals, die Stimme zitterte. Nachdem er den Raum verlassen hatte, musste er sich erst einmal sammeln. Hendrik sortierte einen Gedanken nach dem anderen. Die Hitze schwand, es wurde ihm nun abwechselnd warm und kalt. Das Herz klopfte immer noch und er kämpfte gegen die Tränen. Er holte tief Luft und ging in sein Büro. Hier konnte er allein sein. Erst nach und nach begriff er, was geschehen war. Er räumte seinen Schreibtisch auf und verließ das Büro. Aber nach Hause wollte er noch nicht: Der Familie von der Kündigung zu erzählen, das wäre Hendrik in diesem Moment zu viel geworden. Also rief er seinen besten Freund an, um erst einmal mit ihm zu sprechen.

Sich von anderen helfen lassen

Unabhängig davon, was uns in Bedrängnis bringt: Jeder hat seine eigene innere Strategie, wie er Stress bewältigt. Hendrik muss erst einmal darüber nachdenken, was eigentlich passiert ist. Der Freund hilft ihm dabei, das zu verstehen, was Hendrik im Augenblick nicht ganz begreift. Durch das Verständnis seines Freundes erfährt er Trost und Beruhigung.

Wenn wir unsere inneren Strategien kennen, sind wir in der Lage, bewusst zu agieren. Wir können lernen, unsere Reaktion zu steuern. Und dadurch wiederum haben wir mehr Handlungsspielraum und können eine Situation zu unseren Gunsten beeinflussen.

Welche Strategie fahren Sie?

Was passiert, wenn Sie sich gestresst fühlen? Finden Sie heraus, welcher inneren Stressstrategie Sie folgen. Vergegenwärtigen Sie sich Situationen aus Ihrem Alltag, die Sie immer wieder unter Druck setzen und in denen Sie unangemessen reagieren – sowohl in Ihrem Fühlen als auch in Ihrem Handeln.

Wie reagieren Sie üblicherweise, wenn Sie unter Druck geraten? Denken Sie an einen konkreten Fall: Was haben Sie getan? Schreiben Sie Ihre Reaktion auf. Oder kreuzen Sie einfach die auf Sie zutreffenden Aussagen an:

- ❑ Ich habe den Fehler beim anderen gesucht.
- ❑ Ich habe versucht zu beschwichtigen.
- ❑ Ich war ruhig und beherrscht und habe die Situation analysiert.
- ❑ Ich habe von der eigentlichen Sache abgelenkt.
- ❑ Ich habe mich zurückgezogen, war betroffen und beleidigt.
- ❑ Ich habe die Sache heruntergespielt.
- ❑ Ich habe Gegenargumente gebracht.
- ❑ Ich habe mich gerechtfertigt.
- ❑ Ich habe kein Verständnis für den anderen gezeigt.
- ❑ Ich bin nicht auf den anderen eingegangen.
- ❑ Ich habe mich nach Details erkundigt.
- ❑ Ich war konzentriert und aufmerksam.
- ❑ Ich wurde laut und unbeherrscht.
- ❑ Ich habe den anderen angegriffen.
- ❑ Ich habe mich aus der Sache herausgezogen.
- ❑ Ich bin dem anderen entgegengekommen.
- ❑ Ich habe den anderen unter Druck gesetzt, ihm gedroht.
- ❑ Ich habe einen Konsens gesucht.
- ❑ Ich habe den anderen vor vollendete Tatsachen gestellt.

Fragen Sie sich danach: Wie enden solche Situationen im Normalfall? Wie reagieren andere auf Ihr Verhalten? Wie wäre die Situation ausgegangen, wenn Sie anders aufgetreten wären? Welche Reaktionsweise oder innere Strategie wäre konstruktiver gewesen? Was hätten Sie dadurch bei sich und dem anderen erreicht?

Eine Strategie ändern

Möchten Sie Ihre Reaktion auf Stress und Druck ändern? Versuchen Sie es mit dieser Übung. Wählen Sie eine typische Situation, die immer wiederkehrt, und fragen Sie sich:

1. Was war das konkret für eine Situation, was war der Anlass und wer war daran beteiligt?
2. Wie genau haben Sie reagiert? Was haben Sie gesagt, getan? Welche Verhaltensmuster waren erkennbar?
3. Wozu hat das geführt? Was war das Ergebnis?
4. Erinnern Sie sich an eine ähnliche frühere Situation, mit der Sie erfolgreich umgegangen sind?
5. Beschreiben Sie so exakt wie möglich, was Sie gemacht haben und wie Sie zu dem erfolgreichen Abschluss gelangt sind.
   - Was sagten Sie und wie hörte sich Ihre Stimme an?
   - Wie war Ihre Haltung dabei?
   - Welches Gefühl hatten Sie?
   - Was dachten Sie?
   - Welche Fähigkeiten haben Sie eingesetzt?
   - Wie ist der andere damit umgegangen?
   - Wie hat sich Ihr Verhalten auf die Situation ausgewirkt?
   - Welches Ergebnis haben Sie dabei erreicht?
   - Wie zufrieden waren Sie mit diesem Ergebnis?
6. Denken Sie jetzt an die erste Situation (siehe 1.): Wie würde es sich auswirken, wenn Sie die Fähigkeiten aus der zweiten Situation (siehe 4.) auf die erste übertragen würden?
7. Was konkret würden Sie anders machen?
8. Welche Fähigkeiten könnten Sie übertragen?
9. Was genau würde sich dann verändern?
10. Welches Ergebnis wäre zu erwarten?
11. Was könnte Sie daran hindern, diese neue Verhaltensweise beim nächsten Mal anzuwenden? Wie lösen Sie das?
12. Wie erinnern Sie sich beim nächsten Mal daran, dass Sie dieses neue Verhalten anwenden wollen? Setzen Sie ei-

nen Anker, den Sie künftig lichten können, wenn Sie in eine ähnliche Situation geraten: beispielsweise ein kleiner Kniff ins Ohr, das Zusammenpressen von Zeige- und Mittelfinger, ein Streichen übers Haar oder das Abnehmen der Brille. Oder wie wäre es mit einem visuellen Anker? Schauen Sie etwas an, das sich im Raum befindet – die Tür, eine Lampe, den Stuhl. Oder wählen Sie etwas an Ihrem Körper: einen Ring, Ihre Uhr, den kleinen Finger.

Je konkreter und detaillierter Sie sich in die Situation hineinfinden können, umso leichter wird es Ihnen in der Realität fallen, die neue Strategie abzurufen. Je öfter Sie sie anwenden, umso schneller geht diese Verhaltensweise in Ihr Verhaltensrepertoire über. Das ist wie mit einem Trampelpfad: Am Anfang kann man ihn noch nicht erkennen, aber je öfter wir ihn wählen, umso deutlicher und breiter wird er und umso schneller können wir ihn einschlagen. Wir haben diese »Trampelpfade« auch in unserem Gehirn, manche führen uns zum Erfolg, andere bringen uns immer wieder in Schwierigkeiten. Die Kunst ist es, die Wege, die uns schaden, auszufiltern, und dafür neue, erfolgversprechende Pfade anzulegen.

Und hier noch einige Tipps für effektive Anti-Stress-Strategien:

- Schalten Sie auf konstruktive Gedanken um.
- Lächeln Sie innerlich – das löst die Spannung.
- Atmen Sie tief durch, bevor Sie antworten.
- Zählen sie innerlich bis zehn.
- »Lichten« Sie einen vorher programmierten Anker.
- Stehen oder sitzen Sie aufrecht.
- Beobachten Sie eine Minute lang Ihren Atem.
- Verschaffen Sie sich Bewegung.
- Hören Sie zu, was der andere zu sagen hat.
- Finden Sie positive Aspekte beim anderen.
- Versetzen Sie sich in seine Lage.
- Finden Sie Gemeinsamkeiten.

Gesunder Körper – gesunder Geist

»In einem gesunden Körper steckt ein gesunder Geist.« Diese alte Weisheit sollte man sich öfter bewusst machen. Wer hat es nicht schon erlebt, dass in Zeiten, in denen man viel Stress hat, die Abwehrkräfte schwächeln. Schnell wird man von einer Grippe niedergestreckt, weil das körpereigene Energiereservoir aufgebraucht ist.

Gesundheit ist die Harmonie von Körper, Geist und Seele

Mein Energiestatus

Wie steht es mit Ihrer Energie? Stellen Sie sich als Grundlage für diesen Test einen durchschnittlichen Tag vor. Machen Sie pro Block ein Kreuz und zählen Sie am Ende Ihre Punkte zusammen (stehen jeweils hinter der Antwort in Klammern). Die Auswertung finden Sie auf Seite 187 f.

A Wenn der Wecker klingelt, …
räkele ich mich erst einmal und stehe dann so langsam auf. (2)
bin ich noch müde und schlapp und würde gerne weiterschlafen. (1)
springe ich aus dem Bett und freue mich auf den Tag. (3)

B Den Tag über …
bin ich gut gelaunt und genieße den Tag. (3)
geht es mir manchmal gut, manchmal weniger gut. Je nachdem, was an diesem Tag passiert. (2)
fühle ich mich erschlagen und bin von meiner Arbeit genervt. (1)

C Nach dem Mittagessen …
würde ich mich am liebsten schlafen legen. (1)
bin ich erst einmal langsamer als zuvor. (2)
bin ich genauso fit wie am Vormittag. (3)

D Wenn es stressig wird, …
fühle ich mich überfordert und stürze mich auf irgendeine Aufgabe. (2)

werde ich total hektisch, verliere den Überblick und verhalte mich anderen gegenüber ungerecht. (1)
hole ich tief Luft und überlege, was das Wichtigste ist. Damit fange ich an. (3)

E In meiner Freizeit und am Wochenende ...
sitze ich vor dem Fernseher oder Computer. (1)
verabrede ich mich mit Freunden für gemeinsame Aktivitäten oder tue etwas in Haus und Garten. (2)
unternehme ich viel, treibe zum Beispiel Sport oder gehe ins Theater. (3)

F Nach der Arbeit ...
unternehme ich noch etwas. (3)
komme ich völlig fertig nach Hause, setze mich auf die Couch und mache den Fernseher an. (1)
nervt es mich, wenn viele Leute bei mir anrufen. (2)

G Wenn ich ein Problem habe, ...
suche ich die Verantwortlichen. (2)
frage ich Freunde um Rat und suche nach mehreren Lösungswegen. (3)
ziehe ich mich zurück und versuche, es allein zu lösen. (1)

H Wenn ich in den Spiegel schaue, ...
sehe ich wenig, was mir gefällt. (1)
mag ich mich mal mehr, mal weniger. (2)
bin ich voll und ganz mit mir zufrieden. (3)

I Wenn ich an meine Zukunft denke, ...
habe ich große Ängste, was alles auf mich zukommen wird. (1)
habe ich klare Ziele vor Augen. (3)
weiß ich so ungefähr, was ich will. (2)

J Für meine körperliche Fitness ...
müsste ich einfach noch ein bisschen mehr machen. (2)
tue ich genug: Ich bin so fit, wie ich es mir wünsche. (3)
müsste ich unbedingt etwas tun. Ich keuche und schnaufe, wenn ich nur ein paar Treppen hochsteigen muss. (1)

K Wenn ich abends ins Bett gehe, ...
schlafe ich schlecht ein, meist wälze ich mich hin und her und wache immer wieder auf. Am Morgen bin ich dann wie gerädert. (1)
dauert es eine Weile, bis ich einschlafe, aber dann schlafe ich meist durch. (2)
schlafe ich sehr schnell ein und wache morgens gut ausgeschlafen auf. (3)

L Während der Arbeit ...
mache ich mehrere kleine Pausen, esse regelmäßig etwas und nutze auch kleine Zwangspausen zum Energietanken und Entspannen. (3)
mache ich mindestens eine Pause, in der ich etwas esse. (2)
mache ich selten eine Pause. Ich arbeite mehr oder weniger durch und schiebe mir zwischendurch höchstens mal Fast Food zwischen die Zähne. (1)

M Im Urlaub ...
hole ich alles nach, was mir sonst fehlt. (2)
liege ich am liebsten den ganzen Tag am Strand und mache nichts. (1)
mache ich von allem etwas. Ich lege Wert auf ein ausgewogenes Verhältnis zwischen Entspannung und Aktivität. (3)

N Wenn mir etwas Unangenehmes passiert, ...
denke ich: »Das kann ja nur mir passieren. Ich ziehe das Unglück magisch an.« (1)
fluche und schimpfe ich erst mal, schau dann aber, wie ich mit der Situation fertig werde. (2)
frage ich mich: »Wofür könnte das gut sein? Was kann ich daraus lernen?«(3)

Auswertung des Testes

14–23 Punkte: Ihre Akkus sind fast leer. Sie fühlen sich oft müde und antriebslos. Alles, was Sie tun, kostet Sie Kraft. Wenn Sie körperlich noch nicht angeschlagen sind, wird das nicht mehr lange auf sich warten lassen. Lassen Sie es nicht zu ernsthaften Problemen kommen. Springen Sie aus Ihrem Hamsterrad heraus und finden Sie neue Perspektiven. Klären Sie Ihre beruflichen und privaten Ziele und finden Sie Wege, diese zu verwirklichen. Denken Sie in eine konstruktive, positive Richtung. Suchen Sie sich Menschen, die Ihnen dabei helfen können. Arbeiten Sie die Lebensplanung im Kapitel II dieses Buches durch und verwirklichen Sie Ihre Ziele und Wünsche.

24–33 Punkte: Ihr Energiestatus könnte besser sein. Sie schaffen es zwar immer wieder, alles unter einen Hut zu bekommen, aber nur mit einem hohen Energieaufwand. Sie wissen ganz genau, was Sie tun müssten, um sich das Leben angenehmer zu machen, Ihnen fehlt jedoch die letzte Konsequenz. Der Weg vom Denken zum Handeln wird bei Ihnen immer wieder unterbrochen: Sie fangen etwas an, führen es aber nicht zu Ende, das macht Sie unzufrieden. Machen Sie sich klar, was Sie in Ihren Lebensbereichen wirklich brauchen und wollen. Schreiben Sie Ihre Ziele auf und setzen Sie sich feste Termine. Halten Sie sich an das, was Sie sich vorgenommen haben. Mit mehr Konsequenz und Disziplin schaffen Sie das!

34–42 Punkte: Sie können mit Ihrem Energiestatus zufrieden sein: Er ist gut bis sehr gut. Sie wissen, was für Sie wichtig ist, und tun dies auch. Ihr Denken geht in eine positive und konstruktive Richtung. Probleme sind für Sie Herausforderungen. Die Freude am Leben steht bei Ihnen an oberster Stelle. Sie packen die Dinge an und gehen Ihren Weg. Da Sie aufgeschlossen und neugierig sind, werden Sie sicher auch aus diesem Buch noch wertvolle Tipps herausziehen können.

Ihr persönliches Fitnesstraining

Was möchten Sie am liebsten machen? Wie möchten Sie fit werden? Vielleicht geht es Ihnen da wie den meisten Menschen: Sie wissen, dass Sie irgendetwas tun müssten, aber der innere Schweinehund, die Zeit und der Terminkalender hindern Sie immer wieder an der Umsetzung. Aber auch hier gilt: Wenn Sie etwas wirklich wollen, werden Sie eine Möglichkeit finden, es zu tun. Beginnen wir mit den sportlichen Aktivitäten.

Was macht mir Spaß?

Wie möchten Sie fit werden?

Welche Kriterien müssen bei sportlichen Aktivitäten erfüllt sein, damit Sie sich dabei wohl fühlen können? Und somit die Chancen besser stehen, dass Sie dabeibleiben.

Kriterien für sportliche Aktivitäten

Welche Rahmenbedingungen sind die richtigen für Sie?

Kreuzen Sie das an, was auf Sie zutrifft. Sie können auch mehrere Punkte wählen.

Wo möchten Sie am liebsten trainieren?

- In der Natur und an der frischen Luft.
- In einem Fitnessstudio.
- Zu Hause.
- ______________

Mit wem möchten Sie trainieren?

- Mit einer Gruppe.
- Mit einem Partner.
- Lieber alleine.

Sie möchten trainieren, um …

- allgemein fit und gesund zu bleiben.
- mehr Ausdauer zu bekommen.
- eine gute Figur zu behalten.

- sich mit anderen zu messen.
- Gewicht zu reduzieren.
- ____________________

Mit einem anfangen

Das Wichtigste ist, dass Sie sich mit Ihrem Trainingsprogramm wohl fühlen. Dabei müssen Sie sich nicht auf eine Sache beschränken. Vielleicht möchten Sie durch den Park joggen und Krafttraining im Fitnessstudio machen. Wer unter Zeitknappheit leidet, sollte sich zunächst auf das konzentrieren, was ihm am meisten liegt und sich am leichtesten realisieren lässt. Finden Sie eine Sportart, hinter der Sie voll und ganz stehen. Sonst passiert es schnell, dass Sie Ihre guten Vorsätze wieder fallen lassen.

Eine Frage der Organisation

Für Hendrik kommt ein Fitnessstudio beispielsweise nicht in Frage. Er ist lieber draußen in der Natur, joggt, fährt Rennrad und misst sich darin mit seinen Freunden. Seine Frau Tina konnte er für den Radrennsport auch begeistern. Die berufstätige Mutter zweier Kinder setzt sich mindestens dreimal in der Woche aufs Rad und fährt eine halbe bis eine Stunde – und das nach der Arbeit oder am Wochenende. Zusätzlich trainiert sie noch auf dem Trampolin der Kinder: morgens eine viertel Stunde. Außerdem geht sie einmal in der Woche mit einer Freundin Squash spielen. Ein riesiges Programm – aber nachdem sie fünf Jahre wegen der Kinder sportlich abstinent geblieben ist, hat sie nun den Wunsch, wieder ganz fit zu werden. Innerhalb kürzester Zeit hat sie ihren früheren Level wieder erreicht. Die Kinder werden in dieser Zeit von einem Aupairmädchen, von Hendrik oder von Freunden betreut.

Wofür entscheide ich mich?

Sie müssen nicht gleich in ein solches Mammutprogramm einsteigen. Fangen Sie mit weniger an. Finden Sie heraus, bei welchen Sportarten Ihre Kriterien erfüllt werden. Fragen Sie sich:

- Bei welchen Sportarten werden meine Kriterien erfüllt?
- Wo finde ich welche Angebote? Welche Angebote eignen sich?
- Wo finde ich Partner? (Zeitung, Mund-zu-Mund-Propaganda, Intranet, Internet, im Supermarkt an der Pinnwand und so weiter)
- Wie oft will ich in der Woche trainieren? Was passt am besten in meinen Tagesablauf?

Erkundigen Sie sich, welche Aktivitäten in Ihrer Nähe angeboten werden, zu welchen Zeiten und zu welchem Preis. Fragen Sie in Fitnessstudios und Vereinen nach den einzelnen Programmen. Vergleichen Sie die Angebote, nehmen Sie an Schnupperstunden teil, um Qualität und Atmosphäre zu testen. Erzählen Sie Ihren Kollegen und Freunden, was Sie gerne machen würden, vielleicht finden Sie da einen Partner oder erhalten wertvolle Hinweise.

Andere mit einbeziehen

Der Zeitplan

Feste Termine einplanen

Setzen Sie sich feste Termine und halten Sie diese ein, soweit es Ihnen möglich ist. Muss ausnahmsweise ein Termin ausfallen, verschieben Sie ihn auf einen anderen Tag. Tragen Sie die Termine unbedingt in Ihren Kalender ein.

Tipps für Aktivitäten

Vielleicht sind Sie jetzt schon motiviert, etwas anzufangen. Machen Sie sich Gedanken darüber, wie Sie die Termine am besten in Ihrem Tagesablauf unterbringen können. Hier ein paar Beispiele:

- Stehen Sie morgens eine viertel Stunde früher auf. Gehen Sie zum Joggen in den Park oder in den Wald. Achten Sie auf gute Schuhe, insbesondere dann, wenn Sie auf Asphalt laufen. Manchmal reichen 15 bis 20 Minuten, um sich anschließend gut zu fühlen.
- Wenn Sie nicht alleine laufen wollen, dann suchen Sie sich einen Partner, eine Partnerin.
- Wer in der Stadt lebt, hat kaum die Möglichkeit, direkt vor seiner Tür loszulaufen. Planen Sie in diesem Fall Ihr Joggingprogramm fürs Wochenende ein. Beginnen Sie mit einer halben Stunde und erweitern Sie auf eine Stunde. In vielen Städten gibt es auch Lauftreffs. Erkundigen Sie sich danach. Dort ist für jeden Läufer eine geeignete Strecke dabei. Vielleicht finden Sie die Gelegenheit, wenigstens einmal in der Wochenmitte zusätzlich für eine halbe Stunde zu laufen.
- Wenn Sie abends nach der Arbeit laufen wollen, dann packen Sie schon morgens Ihre Laufschuhe ein, ziehen sich im Büro oder im Auto um und suchen sich anschließend eine gute Laufstrecke aus.
- Planen Sie feste Zeiten fürs Fitnessstudio ein. Nehmen Sie Ihre

Sporttasche mit ins Büro und gehen Sie anschließend direkt zum Training.

- Stellen Sie sich einen Hometrainer in die Wohnung – oder das eigene Fahrrad auf eine Fahrradrolle (gibt es beim Fachhändler). Trainieren Sie nach Möglichkeit jeden oder jeden zweiten Tag eine viertel oder halbe Stunde – am besten morgens.
- Ein Trampolin ist auch eine gute Möglichkeit, drinnen etwas zu tun.
- Nutzen Sie die Sommerzeit, um draußen zu sein. Fahren Sie Rad, betreiben Sie Inlineskating, laufen oder walken Sie.
- Wenn es Ihre Mittagspause erlaubt, bewegen Sie sich. Manchmal reicht ein strammer Spaziergang, um wieder fit zu werden.
- Nutzen Sie die Mittagspause auch, um Entspannungsübungen zu machen. Auch danach sind Sie wieder fit.
- Vielleicht mögen Sie im Winter morgens und abends in der Dunkelheit nicht mehr rausgehen? Dann kaufen Sie sich eine Videokassette oder nehmen Sie ein Fitnessprogramm im Fernsehen auf. Führen Sie das Programm bei geöffnetem Fenster und frischer Luft durch.
- Erledigen Sie Dinge zu Fuß, für die Sie nicht unbedingt das Auto brauchen.
- Lassen Sie den Lift links liegen. Steigen Sie lieber die Treppen hoch.
- Wenn Sie eine sitzende Tätigkeit ausüben, stehen Sie öfter mal auf. Zum Beispiel während eines Telefonats. Oder bewegen Sie sich einen Augenblick im Raum.
- Dehnen und strecken Sie sich häufiger. Insbesondere wenn Sie merken, dass Sie verkrampft sind.

Ihr Trainingsplan

Wer lange Zeit keinen Sport getrieben hat, sollte sich nicht zu viel vornehmen. Steigern Sie langsam Ihr Pensum, damit Sie sich nicht überfordern. Beginnen Sie am besten mit dreimal 30 Minuten Sport pro Woche. Experten empfehlen fünfmal 30 Minuten; doch das ist für die meisten Menschen am Anfang nicht realisierbar. Wenn Sie sich sicher fühlen, steigern Sie die Dauer und die Intensität Ihres Trainings auf dreimal 40 Minuten, später auf dreimal 50

Minuten. Zwischen den Trainingstagen sollten Sie stets (mindestens) einen Tag Pause einlegen. Heißt also zum Beispiel: drei- bis viermal pro Woche laufen und zwischendurch immer wieder pausieren, damit die Muskeln nicht überfordert werden. Wenn Sie das erreicht haben, werden Sie so fit sein, dass Sie nicht mehr auf Ihr Training verzichten wollen.

Langsam anfangen …

… und mit der Zeit steigern

Es ist nicht wichtig, für welche Sportart Sie sich entscheiden, es kommt nur auf die Regelmäßigkeit an. Wer viel auf Reisen ist, für den eignet sich Laufen oder Walking recht gut; das kann man überall machen, ohne dass man viel Gepäck mitschleppen muss.

Viele erfolgreiche Menschen erzählen, dass sie die besten Ideen haben, wenn sie sich bewegen, zum Beispiel joggen oder Rad fahren. Regelmäßiges Training sorgt nicht nur dafür, dass wir körperlich fitter werden: Wir haben dadurch auch mehr Energie, sind zufriedener und unser Geist kommt in Schwung. Wir können uns besser konzentrieren, denken schneller und sind insgesamt positiver gestimmt.

Der Fitnesscheck beim Arzt

Bevor Sie ein intensives Trainingsprogramm beginnen, bitten Sie Ihren Arzt um einen Fitnesscheck. Er wird Ihnen sagen, worauf Sie achten müssen.

Gesunde Ernährung

Wie man sich gesund ernährt, dazu gibt es viele Bücher und Ratgeber, in denen unterschiedliche Wege aufgezeigt werden. Ich möchte hier den allgemeinen Konsens wiedergeben:

- Essen Sie viele Vitamine, frisches Obst und Gemüse.
- Ein- bis zweimal in der Woche empfiehlt sich frisches Fleisch und/oder frischen Fisch.
- Verwenden Sie Vollkorn- und Vollwertprodukte.
- Trinken Sie viel, am besten stilles oder kohlensäurearmes Wasser (etwa zwei Liter pro Tag).
- Nehmen Sie mehrmals am Tag kleine Portionen zu sich (vier bis fünf).
- Essen Sie nicht zu spät am Abend.
- Verzichten Sie auf übermäßigen Alkohol- und Kaffeekonsum.
- Rauchen Sie nicht.
- Essen Sie nicht zu viele Süßigkeiten.

Sich bewusst ernähren

Stellen Sie keine Dogmen auf: Genießen Sie das Essen, ohne über die Stränge zu schlagen. Ernähren Sie sich bewusst – achten Sie auf das, was Sie zu sich nehmen.

Gerade für Berufstätige ist es manchmal schwierig, sich gesund zu ernähren. In vielen größeren Unternehmen gibt es Betriebsrestaurants unterschiedlicher Güte, in denen man sich versorgen kann. In kleineren Firmen müssen sich die Mitarbeiter selbst um ihr Essen kümmern.

Wie Sie sich im Büro gesund ernähren können

- Nehmen Sie Obst, Quark und Joghurt mit in die Firma. Bereiten Sie sich eine kleine Mahlzeit zu. Das braucht nicht viel Zeit, schmeckt und hilft abzuschalten.
- An einem anderen Tag können Sie sich einen Salat mitbringen oder im gut sortierten Supermarkt vor Ort selbst zusammenstellen.

- Manchmal eignen sich die Reste vom Vorabend für den nächsten Tag.
- Auch mit einem guten Müsli als Imbiss lässt sich der Mittag überbrücken.
- Oder Sie finden ein Restaurant in Ihrer Nähe, in das Sie öfter gehen können. Gemeinsam mit anderen ist das eine nette Abwechslung.
- Ein bunt belegtes Vollkornbrot gibt neue Energie.
- Gemüsedips bringen Sie wieder auf Vordermann.
- Vermeiden Sie permanentes Fast-Food-Essen. Das raubt Ihnen nur die Energie.
- Kochen Sie sich am Abend nach Möglichkeit etwas Warmes.
- Achten Sie darauf, dass Sie im Laufe des Tages viel trinken – das wird im Büro häufig vergessen!

Wie sieht Ihr Essverhalten aus?

Beobachten Sie eine Woche lang Ihre Essgewohnheiten. Notieren Sie, was Sie zu sich nehmen und wie es Ihnen damit geht.

Wie oft …

____ am Tag nehmen Sie warme Speisen zu sich?
____ essen Sie zu den Hauptmahlzeiten kalt?
____ nehmen Sie frisches Obst zu sich?
____ essen Sie frisch zubereitetes Gemüse?
____ essen Sie Vollwertprodukte?
____ greifen Sie auf Fast Food zurück?
____ gehen Sie ins Restaurant zum Essen?
____ essen Sie nichts zu den Hauptmahlzeiten?
____ machen Sie keine Pausen, um etwas zu sich zu nehmen?
____ in der Woche essen Sie erst spät am Abend (nach 20 Uhr)?
____ anderes

Wie viel trinken Sie pro Tag?
____ Kaffee
____ Tee
____ Wasser
____ Alkohol
____ anderes

Wenn Sie auf Ihre Ess- und Trinkgewohnheiten blicken, haben Sie dann das Gefühl, dass Sie etwas ändern sollten? Eruieren Sie bei den einzelnen Positionen, was Ihnen gut tut und was Ihnen schadet. Suchen Sie dann nach Lösungen, wie Sie zu einer gesunden Ernährung finden können.

- Was konkret wollen Sie ändern? Welche Auswirkungen hat Ihr momentanes Ernährungsverhalten auf Ihre körperliche und geistige Befindlichkeit?
- Weshalb wollen Sie das ändern? Welche Vorteile sollen Ihnen die neuen Ernährungsgewohnheiten bringen?
- Was wollen Sie künftig anders machen, damit Sie das erreichen? Welche Elemente in Ihrer Ernährung müssen Sie ändern?
- Gibt es jemanden, der Ihnen dabei helfen kann oder der das mit Ihnen gemeinsam machen könnte?
- Welchen Zeitrahmen setzen Sie sich für die Umstellung Ihrer Ernährung? (Beispielsweise vier bis sechs Wochen, in denen Sie erste Erfahrungen sammeln können.)
- Was tun Sie, wenn Sie wieder rückfällig werden? Wie können Sie sich wieder motivieren?
- Wie können Sie Ihr verändertes Verhalten in Ihren beruflichen und privaten Alltag integrieren? Worauf müssen Sie dabei achten?

Das persönliche Ernährungsprogramm

Wenn Sie sich Ihr persönliches Ernährungsprogramm geschaffen haben, dann setzen Sie sich einen konkreten Termin: Wann wollen Sie mit der Umstellung beginnen? Nützlich ist dabei ein Zeitrahmen, der für Sie als Teststrecke dient. Denn nicht alles lässt sich immer so realisieren, wie wir es uns vorstellen. Testen Sie einfach aus, was Sie am besten in Ihren Tagesablauf integrieren können.

Es lässt sich jedoch oftmals viel mehr umsetzen, als uns vorher klar ist. Selbst wenn Sie häufig auf Reisen sind, können Sie darauf achten, dass Sie sich vitaminreich ernähren. Konzentrieren Sie sich bei der Auswahl der Speisen auf das, was Sie für gesund erachten. Man sollte es aber auch nicht zu eng sehen. Wenn Sie gerade Lust auf eine Süßspeise haben, dann greifen Sie zu. Denn schließlich ist der Genuss beim Essen das Wichtigste.

Täglich eine viertel Stunde schwitzen

Irgendwo habe ich einmal das Rezept eines hundertjährigen Mannes gelesen. Seine Devise lautete: Täglich eine viertel Stunde schwitzen. Auch wenn man das nicht schafft, so kann man es doch zumindest anstreben!

Sicher fällt es nicht immer leicht, sich konsequent gesund zu ernähren. Doch Sie sollten zumindest darauf achten, dass Ihre Ernährung weitgehend ausgewogen ist. Essen stellt einen wichtigen Energielieferanten für unseren Körper dar – und Trinken ist genauso wichtig, damit Giftstoffe aus unserem Körper geschwemmt werden. Geben Sie Ihrem Körper die Aufmerksamkeit, die er braucht. Ich habe noch gut den Kladdentext eines Buches in Erinnerung, das ich als junges Mädchen gelesen habe. Diesen Satz habe ich in mein Leben integriert. Er lautet: *Ein schöner Körper ist dir gegeben, ihn zu erhalten, ist deine Aufgabe.*

Kapitel VI: Der Minifahrplan für Ihre Lebensgestaltung

Ich hoffe, das vorliegende Buch konnte Ihnen bereits viele Anregungen für Ihre Work-Life-Balance geben. Mit den nun folgenden Seiten möchte ich Ihnen zum Ausklang des Buches einen kleinen Minifahrplan an die Hand geben, wie Sie die aus der Lektüre gewonnenen Erkenntnisse am besten für sich umsetzen können.

Den Erfolg sicherstellen

Das Wichtigste ist: Schreiben Sie sich die Dinge auf. Entweder legen Sie sich einen Ordner an oder kaufen ein schönes Blankobuch in der Größe DIN A4 oder DIN A5. Mir ist wohl bewusst, dass viele Menschen sich scheuen, sich so ausführlich mit sich selbst auseinander zu setzen. Vor allem bereitet es ihnen Probleme, schriftlich zu notieren, was sie wollen. Ich kann Ihnen diese Vertiefung in die eigenen Wünsche und Bedürfnisse nur empfehlen. Sie werden sehen, der Erfolg ist Ihnen sicher.

Wie oft verschwenden wir unsere kostbare Zeit für einen schlechten Film im Fernsehen, gehen auf ein Fest, das uns eigentlich keinen Spaß bereitet, oder machen Smalltalk, der jetzt eigentlich nicht sein müsste. Zeit, die Sie lieber für Ihre persönliche Entwicklung nutzen sollten. Sie selbst sollten sich so wichtig sein, dass Sie mindestens einmal im Monat Zeit für sich haben.

- Setzen Sie sich einen festen Termin, an dem Sie sich mit Ihrer Lebensplanung beschäftigen wollen. Beispielsweise jeden ersten Sonntag im Monat.
- Ziehen Sie sich für ein oder zwei Stunden zurück.
- Nehmen Sie dieses Buch und Ihre Aufzeichnungen zur Hand und schauen Sie, wie weit Sie mit Ihrem Vorhaben gekommen sind.
- Arbeiten Sie die Kapitel durch, die für Sie im Moment wichtig sind. Das können bereits gelesene oder aber zuvor vernachlässigte sein.
- Stellen Sie sich parallel die Kernfragen: Was will ich im Beruf erreichen? Was in meinen Beziehungen? Was ist mir wichtig hinsichtlich meiner Gesundheit?

- Blicken Sie auf Ihre bis jetzt erreichten Erfolge zurück. Freuen Sie sich auch über den kleinsten Fortschritt, den Sie gemacht haben.
- Stellen Sie sich hierzu die Fragen: Welche ersten Erfolge habe ich beruflich errungen? Was hat sich an meiner Beziehung oder meinen Beziehungen verändert? Wie steht es um meine Gesundheit? Wie hat sich das Balance-Verhältnis verändert?
- Schauen Sie, welche Ziele und Aufgaben als Nächstes anstehen. Fragen Sie sich also: Was muss ich fortführen? Welche neuen Ziele kommen hinzu? Was habe ich zwar angefangen, aber nicht zu Ende gebracht? Will ich das weiterführen und, wenn ja, was muss ich dafür tun? Setzen Sie sich konkrete Ziele und Termine!

Sie werden sehen, dass Ihnen diese Aufgabe von Mal zu Mal leichter fällt. Manchmal geschieht es auch, dass ursprünglich wichtige Ziele sich plötzlich auflösen – unwichtig werden. Dafür kommen wiederum andere neu hinzu.

Mindestens einmal jährlich Rückschau halten

Nachdem Sie Ihre Vision für die Zukunft in Kapitel II erstellt und vielleicht das eine oder andere schon realisiert haben, halten Sie jetzt Rückschau. Auf diese Weise erkennen Sie, wie weit Sie gekommen sind, wo sich eventuell Änderungen im Ziel ergeben haben oder wo Sie ins Stocken geraten sind. Dieses Rückschauhalten und Aktualisieren der Vision sollten Sie mindestens einmal im Jahr wiederholen.

Schauen Sie auf das bisher Erreichte zurück. Wie nah sind Sie Ihren Zielen gekommen? Durch diesen Rückblick wird Ihnen bewusst werden, welche Elemente sich verändert haben, was Sie umsetzen konnten und was noch offen ist. Aus den einzelnen Antworten ergeben sich dann wieder neue Ziele und Meilensteine für die Zukunft. Notieren Sie unbedingt die Antworten. Sonst geraten Ihre Ziele und Ihre Vision wieder in Vergessenheit.

Nehmen Sie sich für diese Übung genügend Zeit. Vertiefen Sie die einzelnen Punkte so weit, dass sich daraus Handlungen ergeben. Schreiben Sie die jeweiligen Ziele auf, mit Terminen und mit dem Hinweis, wer Ihnen dabei helfen könnte.

Wie sieht meine aktuelle Lebenssituation aus?

____

____

Inwieweit habe ich das erreicht, was ich mir früher einmal vorgestellt habe?

____

____

Welcher Mensch bin ich geworden? Welches Selbstbild habe ich inzwischen von mir? Stimmt die Veränderung mit der ursprünglichen Vision überein, die ich von mir hatte? Falls nicht, wo liegen die Abweichungen?

____

____

Welche Werte sind mir wichtig und wie lebe ich diese Werte? Was hat sich hier verändert? Welche sind in den Vordergrund getreten, welche in den Hintergrund?

____

____

Welchen Beruf übe ich gerade aus? Wie zufrieden bin ich damit? Was hat sich an meiner beruflichen Situation geändert?

____

____

Wie ist meine augenblickliche Situation in Bezug auf Partnerschaft, Familie, Freunde? Wie habe ich mir diese Beziehungen vorgestellt und was hat sich hier geändert?

____

____

Wie lebe ich meine persönlichen Interessen? Was verwirkliche ich im Augenblick? Was hat sich verändert? (Reisen, Lesen, Lernen und andere Aktivitäten)

Wie steht es mit meiner Gesundheit und Fitness? Wie fühle ich mich? Was hat sich hier verändert?

Was ist mir wichtig im materiellen Bereich? Wo stehe ich da heute und was hat sich verändert?

Wo lebe ich im Moment? Wie fühle ich mich da? Was hat sich verändert?

In welche Gemeinschaft bin ich eingebunden? Wie geht es mir damit? Was hat sich hier verändert?

Welche sonstigen Aspekte fallen mir ein, die für mein Leben wichtig sind? Was genau ist das? Wie sieht das aus? Was hat sich hier verändert?

Jetzt haben Sie es schwarz auf weiß, was Sie erreicht haben und was noch offen ist. Überprüfen Sie nun nochmals Ihre Vision, ergänzen Sie diese gegebenenfalls und gehen Sie dann wieder in die Detailplanung.

Bei diesem Rückblick auf die Vergangenheit kommen sicher auch Erlebnisse zum Vorschein, die für Sie unangenehm waren oder an die Sie sich nicht gerne erinnern. Um diesen Ballast aus der Vergangenheit und auch Gegenwart abzuwerfen, empfehle ich Ihnen die folgende Übung.

Ballast abwerfen

Sich lösen von Altlasten

Nehmen Sie ein Blatt Papier und schreiben Sie alles auf, das aus Ihrem Leben verschwinden soll. Das können unangenehme Erinnerungen an Personen sein, aber auch persönliche Eigenschaften, die Sie als störend empfinden. Beispiele: schlechte Erinnerung an meinen Mathelehrer, das Nachweinen meiner einstigen Träume, Grübeln, Unpünktlichkeit, die schlechte Beziehung zu Egon, meine Bequemlichkeit und so weiter. Notieren Sie aber nicht, dass ein konkreter Mensch verschwinden soll, sondern nur die schlechte Beziehung, die negative Erinnerung, die bösen Gedanken zu ihm/an ihn. Gehen Sie mit diesem Blatt Papier in den Garten oder in die freie Natur und verbrennen Sie den Zettel. Sie können ihn vorher nochmals lesen oder auch nicht. Dieses Ritual darf man ruhig wiederholen. Einerseits ist das ganz lustig, andererseits wirkt es auch befreiend. Die Übung lässt sich auch mal in der Gruppe, mit der ganzen Familie oder mit Freunden machen.
Hier ein Beispiel, wie eine solche Liste aussehen kann:

Davon möchte ich mich lösen:
- von meiner Bequemlichkeit (wenn ich mir beispielsweise vorgenommen habe, dreimal in der Woche Sport zu treiben, es dann aber doch nicht tue)
- von meiner Unzuverlässigkeit bei privaten Terminen
- der schlechten Beziehung zu Peter
- meinem ungehaltenen Benehmen
- meiner Ängstlichkeit vor Gesprächen mit dem Chef
- meiner ungesunden Lebensweise
- vom Rauchen

Sich für Neues öffnen

Doch nicht nur die Altlasten gilt es abzuwerfen, fast noch wichtiger ist es, sich für Neues zu öffnen, offen und neugierig mit den vielfältigen Optionen des Lebens umzugehen.

Neues ins Leben eintreten lassen

Was wünschen Sie sich vom Leben? Welche neuen Aspekte möchten Sie in Ihr ganz persönliches Leben integrieren? Welche Träume haben Sie? Notieren Sie all dies auf einem Blatt Papier, das Sie anschließend an Ihre Pinnwand hängen.
Hier ein Beispiel für solch eine Liste:

Folgendes soll neu in mein Leben eintreten: ... Von Folgendem möchte ich mehr haben: ...

- körperliche Fitness
- interessante Menschen
- neue Erfahrungen
- Gesundheit
- Freude
- Humor
- Leichtigkeit

Dankbarkeitsliste

Im Alltag vergessen wir leicht, dass es vieles gibt, wofür wir dankbar sein können. Wenn Sie mögen, notieren Sie auch dies auf einem Blatt Papier.

Dafür bin ich dankbar

Nehmen Sie ein Blatt Papier zur Hand (mindestens in der Größe DIN A4) und schreiben Sie auf, wofür Sie in Ihrem Leben dankbar sind. Das können sein: Menschen, die für Sie da waren, aber auch (materielle) Dinge oder gesundheitliche Aspekte. Eben alles, was Ihnen etwas bedeutet. Suchen Sie für diese Liste einen angemessenen Platz zum Aufhängen. Und zwar möglichst in Ihrem Blickfeld. Lesen Sie das Notierte immer wieder durch und ergänzen Sie es bei Bedarf. Sie werden sich wundern, was da alles zusammenkommt! Und so könnte Ihre Auflistung aussehen:

Ich bin dankbar für …

- meine Eltern, die mir so viel ermöglicht haben
- meine Fähigkeit, Menschen zu motivieren
- meine Gesundheit und geistige Fitness
- die gute Beziehung zu meinem Partner
- die Freude, die mir meine Kinder bereiten
- den interessanten Job, in den ich mich ganz einbringen kann
- die netten Kollegen um mich herum
- Sonja, die mich auf meinem Karriereweg begleitet

Entscheiden Sie sich dafür, Ihr Leben selbst in die Hand zu nehmen. Es in Balance zu bringen. Seien Sie Ihr eigener Landschaftsgärtner: Legen Sie Ihren Garten an, säen Sie, roden Sie, pflegen Sie. Seien Sie aufmerksam und gehen Sie fürsorglich mit sich und Ihren Pflanzen um. Sie werden sehen, dass Sie die Ernte bald einfahren können.

Ich wünsche Ihnen damit viel Freude und Erfolg!

Literaturtipps

Begemann, Petra: *Der erste Führungsjob. Wie Sie sich durchsetzen – wie Sie Fehler vermeiden.* Frankfurt am Main 2000

Covey, Stephen R.: *Der Weg zum Wesentlichen, Zeitmanagement der vierten Generation.* Frankfurt/New York 1997

Covey, Stephen R.: *Die sieben Wege zur Effektivität. Ein Konzept zur Meisterung Ihres beruflichen und privaten Lebens.* Frankfurt/New York 1995

Dilts, Robert B.: *Einstein, Geniale Denkstrukturen & Neurolinguistisches Programmieren.* Paderborn 1992

James, Tad: *Time Coaching, Programmieren Sie Ihre Zukunft … jetzt!* Paderborn 1993

Johnson, Spencer: *Die Mäuse-Strategie für Manager. Veränderungen erfolgreich begegnen.* Kreuzlingen/München 2000

Lay, Rupert: *Vom Sinn des Lebens. Der Kompass für ein erfülltes Dasein.* Frankfurt am Main/Berlin 1993

Peseschkian, Nossrat: *Auf der Suche nach dem Sinn. Psychotherapie der kleinen Schritte.* Frankfurt am Main 1998

Peseschkian, Nossrat: *Der Kaufmann und der Papagei. Orientalische Geschichten in der Positiven Psychotherapie.* Frankfurt am Main 1999

Peseschkian, Nossrat: *Der nackte Kaiser, oder: Wie man die Seele der Kinder versteht und heilt.* Augsburg 1997

Popper, Karl R. und Eccles, John C.: *Das Ich und sein Gehirn.* München 1987

Schlippe, Arist von und Schweitzer, Jochen: *Lehrbuch der systemischen Therapie und Beratung.* Göttingen 1996

Schmidt, Laurel: *Für immer clever. Mit 100 Spielen und Projekten, die kindliche Intelligenz fördern.* München 2002

Schonert-Hirz, Dr. med. Sabine: *Alles wollen, alles können, alles schaffen.* München 2002

Seiwert, Lothar J.: *Wenn du es eilig hast, gehe langsam. Das neue Zeitmanagement in einer beschleunigten Welt.* Frankfurt/New York 1999

Senge, Peter M.: *Die fünfte Disziplin. Kunst und Praxis der lernenden Organisation.* Stuttgart 1996

Senge, Peter M.; Kleiner, Art; Smith, Bryan; Roberts, Charlotte und Ross, Richard: *Das Fieldbook zur Fünften Disziplin.* Stuttgart 1996

Sheehy, Gail: *Die neuen Lebensphasen. Wie man aus jedem Alter das Beste machen kann.* München 1996

Sprenger, Reinhard K.: *Das Prinzip Selbstverantwortung. Wege zur Motivation.* Frankfurt/New York 1995

Vester, Frederic: *Denken, Lernen, Vergessen. Was geht in unserem Kopf vor, wie lernt das Gehirn, und wann lässt es uns im Stich?* München 1999 (26. Auflage)

Wieke, Thomas: *Zeitmanagement. Wie Sie Ihren Berufsalltag erfolgreich planen und Zeitfallen vermeiden.* Frankfurt am Main 2001